도대체 한국인은 왜 그럴까

도대체 한국인은 왜 그럴까

초판 1쇄 발행 2025년 8월 30일

지은이   한민
발행인   송진아
편 집   아이핑크
디자인   박세리
제 작   제이오앨엔피
펴낸 곳   푸른칠판
등 록   2018년 10월 10일(제2018-000038호)
팩 스   02-6455-5927
이메일   greenboard1@daum.net
ISBN   979-11-91638-28-8 03180

* 이 책은 저작권법에 따라 보호를 받는 저작물이므로 무단 전재와 무단 복제를 금지하며,
  이 책의 전부 또는 일부를 이용하려면 반드시 저작권자와 푸른칠판의 서면 동의를 받아야 합니다.
* 책 값은 뒤표지에 있습니다.

한국인은 왜

딥대체 힘들까

The Emotions of Koreans

한민 지음

56가지 감정으로 꿰뚫는
한국인의 진짜 속마음

프런칠판

한국인은 정말
감정 인식에 취약할까?

프롤로그

The Emotions of Koreans

"난 그러면 막 혼내잖아."

십여 년 전 한 정신과의사 선생님과의 대화 중에 나온 이야기다. 한국 사람들은 자기 마음 상태를 잘 모른단다. "지금 기분이 어떠세요?"라고 물어보면 십중팔구 "잘 모르겠어요."라고 대답하는 사람들이 답답하다는 것이다. 어떻게 '독립적 성인'이 자기 마음 상태도 잘 모르냐며 분개하던 그분이 다시 떠오른 건 유튜브에서 우연히 본 어느 정신과의사의 영상 때문이다. 영상 속 한 정신과의사도 십여 년 전의 그 선생님과 똑같은 말을 하고 있었다. 한국인들은 감정 인식에 취약하다는 것이다.

한국인들은 정말 감정 인식에 취약할까? 정신과의사들이 공통적으로 하는 이야기니 사실일 가능성이 높아 보인다. 정신의학계(?)에서는 한국 사람들이 자신의 감정을 잘 인식하지 못하는 원인으로 감정 표현에 억압적인 문화를 꼽는다. 그리고 실제로도 많은 한국인이 그렇게 알고 있다. 개인의 자율성과 표현을 억압하는 집단주의 문화 때문에, 직장에서는 조직과 윗사람에 치여서, 사회에서는 다른 사람 눈치 보느라 할 말도 못하고 감정 표현도 제대로 못한다며 많은 사람들이 울분을 토한다.

그렇다. '울분을 토한다'는 말은 매우 격하게 감정을 표현한다는 뜻이다. 감정 표현에 억압적인 문화가 뿌리내린 나라 사람들치고는 한국에는 꽤나 격하게 감정 표현을 하는 사람들이 많다. 소위 '분노 조절 장애'를 보이는 사람들을 비롯해서 사소한 불편도 참지 못하는 프로 불편러에, 상대방에게 자신의 감정을 거리낌 없이 쏟아 내는 갑질러까지.

이외에도 한국의 시그니처 공연 문화가 된 떼창과 세계적 문화 현상이 된 K-pop 가수들의 퍼포먼스, K-드라마와 영화에서 보여 주는 배우들의 섬세한 감정 표현들은 또 어떤가. 한국 문화가 개인의 표현에 억압적이고 한국인들이 감정을 잘 인식하지 못하는 사람들이라면 이런 현상들은 어떻게 설명될까? 문화심리학자의 입장에서 한국인들이 감정 인식에 취약하다는 주장에는 동의할 수 없다. 그렇게 주장하시는 분들이 오히려 한국 문화와 한국인 심리를 제대로 이해하지 못하고 있는 것 같다.

한국인들은 강한 표현 욕구를 가지고 있다. 이는 주체성 자기에서 발현하는, '나'의 영향력을 미치려는 욕구와 관련되는데, 한마디로 "내가 누군지 알아?!"로 요약된다. 한국인들은 자신의 존재감을 드러내려고 끊임없이 노력하는 사람들이다. 따라서 감정 표현도 매우 섬세하고 적극적이다. 한국과 비슷한 집단주의 문화권 나라로 분류되는 일본과 비교해 봐도 그 차이는 확연하다. 따라서 한국인들은 '나의 표현이 제한/억압되는' 상황을 가장 꺼린다. 억울한 일을 당하면 죽어서도 저승으로 가지 못하고 귀신이 될 정도다. 산 사람의 표현이 제한되면 화병에 걸린다. 화병은 한국의 대표적 문화 의존 증후군이다.

정신과의사들은 화병의 원인이 화와 같은 감정을 제대로 표현하지 못하는 데 있다는 점에서 한국 문화가 감정 표현을 제한한다고 보는 것 같다. 그런데 이는 한국인들에게 강한 표현 욕구가 있다는 점을 간과한 생각이다. 자신을 강하게 표현하고자 하는 사람이 표현을 못할 때 화병이 걸리는 것이지, 그런 욕구 자체가 없다면 표현이 제한된다고 해서 병에 걸릴 이유가 없다. 전근대 시대에 민초들의 감정 표현이 엄청나게 자유로웠던 나라가 있을까? 화병이 한국의 문화적 정신질환이라는 의미는 세상에서 한국인만 억울하게 핍박받고 살아왔다는 사실보다는 한국인들이 감정을 어떻게 느끼는가와 관계가 있다.

그렇다면 이렇게 감정을 잘 표현하는 한국인들이 왜 정신과의사 앞에서 자신의 감정에 관해 제대로 말하지 못할까? 그 원인은 한국인들의 감정 교류 방식에 있다. 한국인들은 '말하지 않아도 알아요'와 같은 이심전심(以心傳心)의 소통을 이상적으로 생각한다. 특히 친하고 가까운 사람, 서로 믿고 의지하는 관계일수록 더 그렇다. 한국인들은 '우리 사이에' 이 정도는 말하지 않아도 알 거라고 생각하고, 상대방에게 그것을 기대한다. 때에 따라서는 일일이 말로 표현하는 것이 오히려 부적절하거나 구차하다고 여길 정도다.

이러한 감정 교류 방식 때문에 한국에는 '눈치'라는 비언어적 소통 기술이 발달했다. 사람들은 표정, 눈빛, 기색만 보고도 상대방의 마음을 읽고 그에 맞추어 행동한다. 상대방의 행동을 이끌어내기 위해 비언어적 단서를 던지며 눈치를 주는 경우도 있다. 이런 과정들은 모두 부지불식간에, 은연중에, 무의식적으로 일어나는 것이다.

그렇다. 정신과의사를 찾아가는 환자들은 의사 선생님이 자신의 마음을 읽어 주기를 바라는 것이다. 사실 그들은 이미 자신의 마음 상태를 표현했다. 시선으로, 표정으로, 눈빛으로, 자세로, 어조로, 목소리의 떨림과 머뭇거림 등으로 말이다. 그것을 눈치 못 챈 쪽은 의사 선생님이다. 물론 정신과적, 심리적 진단은 객관적인 지표를 바탕으로 해야 한다. 이심전심으로 진단을 내리고 처방할 수는 없다. 하지만 내담자들의 마음을 살펴야 하는 분들은 내 앞에 앉아 있는 이들이 무엇을 느끼고 있으며 무엇을 표현하고자 하는지 이해할 수 있어야 한다. 이는 정신과의사들에게 국한된 문제가 아니다. 인간에 대한 '이해'는 '진단' 이전에 상담사, 교사, 부모 등 내 앞에 있는 사람과 대화해야 하는 모든 사람에게 해당하는 문제다.

마음이 아픈 사람들이 늘어나고 마음 건강에 대한 관심이 점점 높아지는 지금, 정신과 및 상담소를 찾는 분들도 진료 상황에서의 마음 표현에 익숙해질 필요는 있다. 감정은 나의 몸과 마음의 변화를 불러일으키며, 내가 사는 문화의 사람들은 그것을 규정하는 말을 만들어 사용해 왔다. 사회 변화와 기술의 발달로 정작 사람들 사이의 의사소통이 어려워지고 있는 요즘, 나와 타인의 감정을 이해하는 것은 사회 교류와 정서적 지지의 바탕이 될 것이다. 무엇보다 내가 느끼는 나의 상태를 세밀하게 감각하고 표현하는 것은 자기 이해 및 자기실현의 방법이기도 하다.

이 책에서는 먼저 감정 그 자체에 대한 이론적 내용과 한국인들의 감정 경험 방식을 정리하고, '기본 감정, 사회적 감정, 자의식 감정'이라는 분류에 따라 다양한 우리말 감정들을 살펴볼 것이다. 독자 여러분께서는 어떤 경험으로부터 어떠한 신체적 감각이 느껴지며, 그것을 어떠한 상황과 맥락에서 해석하고 받아들이게 되는지, 주변에서 흔히 경험할 수 있는 사례를 통해 이해하실 수 있다.

또한 이 책을 통해 감정에 대한 언어적 표현 외에 감정을 경험하는 이들이 느낄 수 있는 신체감각(내수용감각)과 사회적 맥락에서 감정을 표현할 때 사용되는 비언어적 단서들, 감정을 경험하고 표현해 온 한국의 문화적 맥락과 표현들을 찾아볼 수 있을 것이다. 아무쪼록 독자 여러분이 자신의 마음과 몸을 보다 잘 이해하고 다른 이들과의 관계에서도, 사회에서도 더 풍부하고 다양한 삶을 살게 되시길 바란다.

멸종위기 1급 토종 문화심리학자
한민

차 례

프롤로그 한국인은 정말 감정 인식에 취약할까? (4)

Chapter 1. 감정의 의미와 한국인 마음 알기

용어로 정리하는 '감정' (16)
감정의 요소와 구성 과정 (20)
감정의 분류 (22)
한국인의 마음 특징 (27)
문화적 감정과 한국인의 마음 (30)

Chapter 2. 인간의 보편적 경험, 기본 감정

살면서 가장 공포스러운 순간이 온다면 **공포** (36)
기쁨은 우리 마음 건강의 영양제가 된다 **기쁨** (40)
가슴이 찢어지는 슬픔이 나를 보호한다 **슬픔** (45)
한국인은 왜 늘 화가 나 있을까 **분노** (50)
나와 다른 이들을 구분하려는 욕구가 지나치면 **혐오** (55)
깜짝 놀랐을 때 진정시켜 주어야 하는 이유 **놀람** (60)
삶이 괴롭다고 느껴질 때 **괴로움** (63)

왜 좀이 쑤시면 뭐라도 해야 할 것 같을까 **따분함** (67)
불안한 한국인의 마음 건강에 중요한 것 **안도감** (71)
내가 바라는 것들은 여러 감정을 불러온다 **바람** (75)
무아의 경지에서 자유와 평안을 만날 때 **황홀감** (79)

Chapter 3. 사회관계 속에서 발생하는 사회적 감정

모든 사회에서 반드시 표현해야 하는 감정 **고마움** (84)
보고 싶어도 볼 수 없는 마음이 사무칠 때 **그리움** (88)
눈이 번쩍 뜨이는 기쁜 순간이 온다면 **반가움** (91)
내 아이를 바라보는 것 같은 뿌듯한 마음으로 **기특함** (94)
사회 유지의 근간이 되는 중요한 마음 **감동** (98)
말로 하지 않아도 금방 드러나는 강렬함 **사랑** (102)
혼자가 아니라는 사실이 든든한 이유 **소속감** (106)
만약 세상에 믿을 사람 하나 없다면 **신뢰감** (110)
더 깊은 사이가 되기를 원할 때 필요한 것 **친밀감** (114)
저절로 고개가 숙여지는 사람 앞이라면 **존경심** (118)
말하지 않아도 느낄 수 있는 마음 **정** (122)
슬퍼하는 사람을 보기 힘들 만큼 가슴 아플 때 **불쌍함** (126)
'넌 나에게 모욕감을 주었다'는 말이 위험한 이유 **괘씸함** (130)
피할 수만 있다면 피하고 싶다는 마음 **부담감** (134)
아무 사이도 아니라면 실망할 일도 없다 **서운함** (138)
꼴도 보기 싫지만 관계를 깨고 싶지는 않아 **미움** (142)

부러워하는 마음이 미움이 되지 않도록 **시샘** (146)
고독을 즐기는 것도 과하면 해롭다 **외로움** (150)
쥐구멍에라도 들어가고 싶은 마음이 들 때에는 **난처함** (154)
묘하게 신경 쓰이고 불편한 마음의 정체 **위화감** (158)

Chapter 4. 자기 입장에서 해석하는 자의식 감정

나의 느긋함이 너를 초조하게 만들 때 **느긋함** (164)
지나친 기쁨의 표현이 문제가 된다면 **흐뭇함** (168)
삶의 재미를 찾는 것도 균형이 필요하다 **재미** (172)
두려움과 맞서 싸워야 할 때 필요한 것 **용기** (175)
10년 묵은 체증이 한 번에 가시는 쾌감 **후련함** (179)
자기 가치를 회복하기 위한 지혜의 감정 **신명** (183)
적절한 자랑은 삶의 활력이 된다 **자부심** (187)
상처를 입어야 비로소 드러나는 존재감 **자존심** (192)
불공정과 부당함이 느껴질 때 꼭 필요한 객관화 **억울함** (198)
남에게 지기 싫은 마음이 나를 성장시키도록 **오기** (202)
의도치 않은 일이 벌어져 어찌할 바를 모를 때 **당혹감** (206)
부끄러움은 더 나은 '나'를 만든다 **부끄러움** (210)
죄책감이 잘못을 바로잡을 기회가 될 때 **죄책감** (215)
더 큰 상실감에 빠지지 않도록 **서글픔** (220)
억울함의 화살이 나에게로 향해 무력해질 때 **서러움** (223)
오늘의 아쉬운 마음이 내일의 새로운 힘이 된다 **아쉬움** (226)

가까운 사람이 못마땅하게 느껴진다면 **못마땅함**		(230)
누군가 나에게 실망했다고 말할 때 **실망감**		(234)
삶의 목표나 기대가 갈 곳을 잃는다면 **허탈감**		(239)
나 좀 내버려뒀으면 좋겠다는 마음 **귀찮음**		(243)
마음대로 일이 되지 않을 땐 **답답함**		(246)
지나치게 조바심이 날 땐 목표를 수정하라 **조바심**		(249)
후회할 줄 알아야 더 나은 미래를 꿈꿀 수 있다 **후회**		(253)
억울하고 서러워도 삶은 이어져야 하기에 **한(恨)**		(257)
혼란스러운 사람에게는 충분한 시간이 필요하다 **혼란스러움**		(262)

부록 신체적 느낌, 맛, 온도로 표현하는 한국인의 감정		(267)
에필로그 한눈에 보는 감정 인식법과 활용법		(276)
찾아보기		(281)

1
Chapter

The Emotions of Koreans

감정의 의미와
한국인 마음 알기

감정은 어떤 사람의 경험에 대한 반응이자 경험에 부여한 의미이며, 그 사람이 만들어 낸 세계 자체다. 감정은 인간을 가장 인간답게 만드는 것이다. 그럼에도 우리는 감정에 대해 잘 알지 못한다. 때로는 감정을 거추장스럽다고 생각하고 부정할 때도 있다. 하지만 자신의 감정을 인식하고 이해하는 것은 중요하다. 감정 이해는 자기 이해이며, 내가 사는 세상, 나아가 내가 만든 세계를 이해하는 것이다. 이 장에서는 지금까지의 학술적 논의를 바탕으로 감정의 정체와 종류, 유형에 대한 기본적인 내용과 한국 문화에서 형성된 한국인의 마음 특징에 대해 살펴본다.

용어로 정리하는 '감정'

'정서' 또는 '감정'은 심리학에서 의외로 중요하게 다뤄지지 않는다. 현 심리학의 주제는 주의, 지각, 학습과 기억에서부터 문제 해결, 의사 결정, 추리와 추론 등의 인지 과정, 범주화와 상징, 창의성에 이르기까지 인지심리학에 치우쳐 있을 정도다. 한편 정서나 감정에 관해서는 정서를 무엇으로 볼 것인가에 대한 정서 이론, 그리고 정서를 생존 반응으로 보는 기본 정서 이론 정도가 전부다.

이러한 경향은 특히 서양에서 그 역사가 깊다. 근대 이후, '이성'이 다른 동물과 구별되는 인간의 특징으로 꼽히면서 '감정'은 이성을 방해하는 것, 열등한 것으로 여겨져 왔다. 현대 심리학의 주제가 인지 쪽으로 편향된 데에는 이러한 지적 전통의 영향도 무시할 수 없을 것이다.

심리학에서 정서(또는 감정)에 대한 연구가 별로 없는 또 다른 이유는 이것이 워낙 인간의 기본 경험과 관련된 것이기 때문이다.

인간이라면 누구나 일상적으로 경험하는 것이기 때문에, 정서(또는 감정)는 사람에 따라 천차만별의 수준으로 지각되고 표현된다. 따라서 '어디에 초점을 맞추느냐'에 따라 정서나 감정에 관한 논의의 차원이 달라질 수밖에 없다.

심리학의 고전 정서 이론 중 하나인 제임스-랑게 이론은 정서의 생물학적 측면에 초점을 맞추고 있으며 샥터와 싱어의 2요인 이론은 경험의 인지적 해석이라는 측면을 강조한다. 또한 사회학이나 문화심리학에서 관심을 갖는 정서(또는 감정)의 또 한 측면은 사회적 교류와 의사소통 기능이다.

따라서 이 책에서는 감정과 관련하여 복잡한 개념의 용어부터 정리해 보고자 한다. '어떠한 경험이 불러일으킨 마음'이라는 뜻을 지닌 용어로는 심리학에서 주로 통용되는 정서(emotion)를 제외하고도 정동(affect), 기분(mood), 느낌(feeling), 감각(sense) 등이 학술적으로 또는 일상생활에서 사용되고 있다.

정서(emotion)

보통 학술적으로는 '정서'를 많이 쓴다. 정서의 사전적 의미는 '분노나 증오, 사랑과 같은 강렬한 감정'이다. 영어 emotion은 보통 한자어 情緒로 옮겨지는데 이 한자어는 '사람의 마음에 일어나는 여러 가지 감정'을 뜻한다. 정서의 보편성을 강조해 온 전통 심리학에서, 정서(emotion)는 인간이 진화 과정에서 획득한 특정 자극에 대한 생물학적 반응이라는 의미가 강하다. 이러한 관점에서 정서는 그것을 느끼는 주체에 어떤 움직임(motion)을 부여하는 것이다. 예를 들면, 공포라는 정서는 나를 위협하는 대상에 대한 반응으로 나는 속히 그 대상으로부터 도주하여야 생존할 수 있다.

정동(affect)

'정동'은 감정의 의식적이고 주관적인 측면을 뜻한다. 사전적 의미로는 어떤 사건의 영향으로 일어난 (감정적) 변화에 가깝다. 심리학자 리사 펠드먼 배럿은 정동을 정서와 비교해서 '지금 이 순간 느껴지는 단순한 느낌'으로 정의한다. 정동의 원인은 정서에 비해 다소 덜 명확한 편이며 감정의 주관적인 측면을 강조한다.

기분(mood)

정서와 정동이 일시적인 느낌이라면 '기분'은 그 이유를 특정하기 어렵지만 비교적 오래 지속되는 느낌이다. 기분은 크게 '쾌-불쾌'(기분 좋다-기분 나쁘다)로 지각된다.

느낌(feeling)

'느낌'은 어떠한 감정을 경험하고 있는 상태를 뜻한다. 이때 경험에 대한 해석은 그 경험이 이루어진 다음에 대한 것일 수도 있고 구체적으로 이루어지기 전에 대한 것일 수도 있다. 원인과 상황이 분명한 '공포, 분노, 슬픔' 등을 유발하는 사건에 대해서는 그 의미를 즉각적으로 해석할 수 있지만, 애매모호한 상황의 분명치 않은 느낌인 경우에는 자신이 경험한 사건과 상황에 대한 반추적인 해석이 필요하다.

감각(sense)

'감각'은 본래 외부 자극을 생물학적 수준에서 받아들이는 단계를 뜻하지만, 통제감(sense of control)이나 자기감(sense of self) 등의 감정과 관련하여 학술적인 맥락에서 종종 쓰이는 용어다. 감각이란 어떤 자극 또는 경험이 지각된 순간의 느낌 그 자체이며 아직 그 경험에 대한 본격적인 해석이 이루어지기 전의 상태라 볼 수 있다.

감정

이렇듯 감정은 그 기원과 생물학적, 심리적 상태에 따라 다양한 측면이 있고, 일상적으로 쓰이는지 학술적으로 쓰이는지 등 맥락에 따라서도 다른 용어로 불린다. 이 책에서는 이 용어들을 종합하여 '감정(感情)'이라는 용어를 사용하고자 한다. '감정'이란 '느끼어 일어난(感) 마음의 작용(情)'이라 할 수 있는데, 어떤 자극이나 상황에 감응하여 일어난 경험이라는 측면과 그 경험의 주관적인 측면을 포괄적으로 나타내는 용어이기 때문이다.

생물학적 반응과 진화적 동기가 중요하기는 하지만 감정은 자극을 받아들이고 해석하는 주체(self)의 입장이 개입되는 주관적 경험이다. 따라서 경험을 해석하는 주체의 주관성(subjectivity)이 강조되며 여기에서 개인차와 문화차이 등 해석의 다양성이 생긴다. 또한 지속적인 상태를 의미하는 기분(mood)이나 주체가 개입하기 전의 일시적 상태를 묘사하는 느낌(feeling), 감각(sense)에 비해 주체가 경험을 받아들이고 반응하는 과정을 포괄하는 '감정'이 보다 적절한 용어라 생각된다.

감정의 요소와 구성 과정

감정은 어떠한 경험이 불러일으킨 신체적, 정신적 반응을 자신의 관점으로 재구성하는 과정에서 만들어진다. 다음은 현재까지 연구된 감정 경험의 과정을 요약한 것이다. 이 책에서 설명하는 구체적 감정들을 이러한 관점에 따라 이해할 수 있다.

내수용감각의 지각 : 항상성과 예측 오류

어떠한 경험은 그 의미에 따라 다른 내수용감각을 만들어 낸다. 내수용감각(interoception)이란 신체 내부에서 일어나는 일들에 대한 느낌을 뜻한다. 내수용감각에 영향을 미치는 것은 우선 항상성을 유지하기 위한 자율신경계의 작용이다. 항상성(homeostasis)은 심박수, 혈압, 호흡, 혈당, 소화 등을 항상 일정한 상태로 유지하려는 경향성으로, 교감신경계와 부교감신경계로 이루어진 자율신경계가 이를 조절한다.

교감신경계가 작동하면 인간의 몸은 위기에 대처하기 위해 급격하게 변화하는데 이러한 느낌은 긴장되고 불쾌한 감각으로 지각된다. 부교감신경계가 작동하면 긴장되었던 신체가 이완되면서 항상성이 회복되는데 이때의 내수용감각은 편안하고 만족스러운 느낌으로 지각된다. 또한 혈당을 조절하고 에너지를 만들기 위해 분비되는 호르몬이나 소화액의 억제와 분출 등도 나름의 신체감각을 만드는데, 이들도 내수용감각에 포함된다.

내수용감각에 영향을 미치는 또 다른 요인은 신체 예산의 예측과 예측 오류다. 인간은 과거의 경험을 바탕으로 앞으로의 일을 예측하고 앞으로 발생할 일에 대한 계획을 세운다. 인간의 뇌는 이러한 가설에 따라 신체 예산을 배분한다. 뇌의 가장 중요한 임무는 신체의 에너지 수요를 예측하고 배분해 뇌의 주인이 생명과 안녕을 유지하도록 하는 것이다. 예측한 대로 일이 진행되면 미리 배분된 신체 예산이 적재적소에 사용되면서 편안하고 만족스러운 느낌이 들지만, 예측 오류, 즉 예기치 못한 일이 벌어져 신체 예산의 사용에 문제가 생기면 불편하고 불쾌한 감각이 든다. 이러한 예측과 현재의 경험, 현재의 경험과 예측과의 차이(예측 오류), 그로 인한 신체의 변화와 내수용감각이 감정의 핵심 성분, 즉 '정동(affect)'이 된다.

경험의 재구성과 의미 부여

경험에서 지각된 정동을 바탕으로 그것을 자신의 관점에서 재해석하고 경험에 의미를 부여하는 인지적 과정을 거쳐 감정이 완성된다. 이는 샥터의 2요인 이론이나 인지평가이론의 관점과 같다. 이러한 과정은 거시적으로는 환경과 문화에서 비롯된, 사회적으로 학습되고 공유된 개념과 방식을 따르며, 미시적으로는 개인의 성격과 습관, 그리고 주의 수준의 영향을 받는다. 그렇게 재구성된 경험의 의미는 경험의 주체에게 다시 어떠한 감정으로 인식된다(2차적 감정).

감정에 따라서 이러한 2차적 재구성이 필요 없을 정도로 그 이유와 의미가 명확한 감정이 있고, 시간을 들여 곱씹고 생각해야 의미가 드러나는 덜 명확한 감정이 있다. 전자를 심리학에서는 '기본 정서'라 하며, 후자는 특정 문화에서 공유되는 감정 경험 및 해석의 방식을 따르거나 개인의 주관적 해석이 중요한, 문화심리학의 주제가 되는 감정이다.

리사 펠드먼 배럿은 감정이 '의미의 구성(meaning making)'이라 단언한다. 감정은 문화와 사회 내에서 공유되고 개인들 사이에 합의된 지각적 세계 안에 존재한다. 따라서 감정은 특정 문화에서 사용하는 언어와 밀접한 관련이 있다. 특정 문화 내에서 감정은 해당 문화의 언어로 표현되며 그 의미가 공유되고 사회적으로 소통된다. 이렇게 지각되고 표현된 감정은 경험의 방식이자 경험의 의미, 인간의 마음을 이해하는 가장 중요한 수단이다.

감정의 분류

기본 감정과 사회적 감정

우선 감정은 크게 기본 감정과 사회적 감정으로 나뉜다. 감정 연구의 시조새라 할 수 있는 에크만은 문화와 관계없이 모든 인간이 경험하는 기본 감정을 '기쁨, 슬픔, 분노, 공포, 혐오, 놀람'의 6가지로 설명한다. 기본 감정 이론에서는 감정을 외부 자극에 대한 생물학적 반응이라는 측면으로 보기 때문에 특정 문화와 관계없이 보편적으로 경험되는 것이라고 본다.

그러나 실제로 인간의 감정은 그것을 경험하는 상황과의 관계 등 다양한 사회적 맥락의 영향을 받으며, 감정의 표현은 생존을 위한 반응일뿐만 아니라 사회적 의사소통의 기능을 수행해 왔다. 따라서 순수하게 기본 감정이라 규정할 만한 감정은 극히 드물며,

감정을 제대로 이해하기 위해서는 그 감정의 경험이 일어난 사회적 맥락을 총체적으로 이해해야 한다. 심지어 특정 언어를 사용하는 특정 문화권에서만 공유되는 문화적 감정도 존재한다.

정동 원형 모형(circumplex)에 따른 분류

심리학자 제임스 러셀은 유인성과 흥분도의 조합으로 정동(affect)의 종류를 분류하였는데, 이는 24쪽의 도표와 같이 6개 차원의 감정으로 설명된다.

'유인성'이란 사람에게 좋고 나쁜 느낌을 주는 차원이다. '흥분도'는 감정이 불러일으키는 신체적 흥분의 정도로, 약한 흥분-강한 흥분 차원으로 분류할 수 있다. 대개 교감신경계의 작용이 강한 흥분과 관련되어 있으며, 도파민, 아드레날린 등의 신경전달물질도 강한 흥분을 불러일으킨다. 반면 부교감신경계의 작용은 편안함과 만족감 등 약한 흥분과 관련되어 있으며 세로토닌은 각성과 감정 조절에 영향을 미친다. 내수용감각과 관련하여 감정의 강도가 심해지면 '사무친다'는 표현을 쓴다. 한자어로는 감정의 크기를 나타내는 대(大) 자나(예 : 대노, 대경 등) 정도를 나타내는 극(極), 격(激) 자를 써서 표현한다.(예 : 극심한 분노, 격노)

이 책에서는 유인성의 차원을 세분하여 감정 분류를 다면화하여 설명하고자 한다.

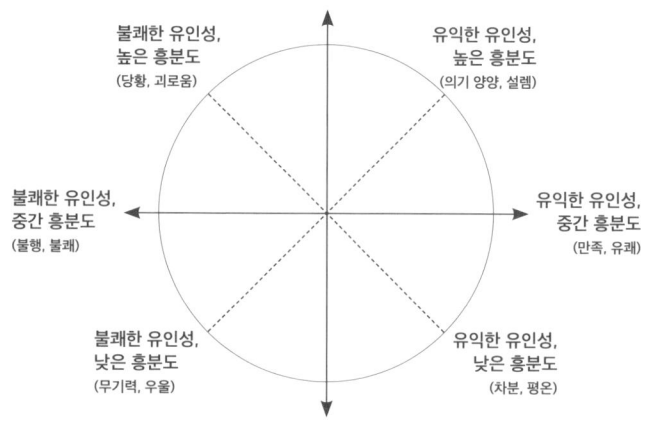

❶ 쾌(快) - 불쾌(不快)

'쾌-불쾌'는 감정을 분류하는 가장 기본적인 기준이 된다. 쾌는 '기쁘다, 즐겁다'는 뜻으로, 즐겁고 긍정적인 감정을 '쾌감'이라 통칭한다. 쾌가 들어간 단어로는 '상쾌하다, 유쾌하다, 통쾌하다' 등이 있으며, 쾌감의 내수용감각은 짜릿함 또는 시원함으로 표현된다. 신체 기능이 막힌 데 없이 잘 기능하는 상태와 관련 있다. 쾌감이 크면 '통쾌(痛快)', 즉 아픈 느낌이 들 만큼 시원하다고 표현한다. 반면 불쾌감은 '마음이나 기분이 못마땅한 일로 인하여 시원하지 않은 느낌'을 뜻한다. 우리말로 '언짢음'이나 '짜증'으로 표현되며 '시원하다'는 느낌의 쾌감과는 반대로 뭔가 답답하게 막혀있는, 또는 열감을 동반한 내수용감각으로 표현된다.

쾌감과 불쾌감은 특정 원인과 관계없이 지속되는 긍정적/부정적 기분(mood)을 뜻하기도 한다. 이 경우는 '기분이 좋다/나쁘다'로 표현된다. '쾌-불쾌'를 유발하는 원인은 매우 다양하며, 그 원인에 따라 '좋음(호)-싫음(오)', '편안-불편', '만족-불만족' 차원 등으로 세분화할 수 있다.

❷ 편안(便安) - 불편(不便)

'편안-불편'은 '쾌-불쾌' 차원 중에서도 특히 내수용감각 및 신체 예산과 관련된 표현이다. 특정 감정을 경험할 때 나타나는 신체적 반응은 사람들에게 편안한 느낌 혹은 불편한 느낌을 준다. 예를 들면, 편안한 감정은 우리 몸에 무리한 작용이 없고 마음이 놓일 때 경험되는 것이며, 불편함은 바닥이 기울었거나 소화가 잘 안될 때 느껴지는 신체적 불균형 또는 항상성이 깨진 데서 오는 감정이다. 편안함은 '평온, 안온, 평안, 평화, 평정' 등의 한자어로 묘사되며 불편함은 말 그대로 편치 않다는 뜻의 '불편하다'나 '거북하다'는 식의 내수용감각으로 표현되는 경우가 많다.

또한 '편안-불편' 차원의 감정은 다소 낮은 수준의 흥분과 관련되어 있다. 가령 커피와 함께 하루 일을 시작하며 느끼는 조용한 기쁨은 편안한 감정이지만, 웃기는 광경을 보고 폭소를 터뜨릴 때나 복권에 당첨되었을 때의 기쁨은 꽤나 격렬하며 보통 '쾌감'으로 표현되는 감정이다. 부정적인 감정도 확실하지 않은 위험에 대한 불안은 불편함으로 지각되지만, 분노나 공포 등이 유발하는 강렬한 감정은 불편함보다는 불쾌감으로 다가온다. 한편 감정의 기복이 크지 않고 평정심을 유지하는 것을 우리말로는 '담담하다/덤덤하다'라고 표현하기도 한다.

❸ 만족 - 불만족

'만족-불만족'은 기대(예측)와 관련된 감정이다. 어떠한 기대가 충족되면 만족감이, 충족되지 않으면 불만족스러운 감정이 든다. 기대는 뇌가 예측하고 시뮬레이션하는 신체 예산과 관련된 기대일 수도 있고, 개인이 주관적으로 또는 문화적으로 가지는 기대일 수도 있다. 그러한 기대가 충족될 때 '흐뭇하다, 기껍다, 마뜩(마땅)하다'는 표현을 쓰며, 한자어로는 '도달하다'는 의미의 족(足) 자를 써서 '족하다, 만족(滿足)하다, 흡족(洽足)하다' 등의 표현을 쓴다. 채울 충(充) 자를 써서 '충족(充足-기대를 채우다), 충만(充滿-기대를 가득 채우다), 충일(充溢-기대를 넘칠 정도로 채우다)' 등으로 감정을 묘사하기도 한다. 기대의 충족을 이익을 얻은 것으로 보아 '수지맞았다', '계 탔다', '대박' 등의 말로 표현하기도 한다.

반면에 기대가 충족되지 못했을 때에는 '마뜩잖다, 불만스럽다' 등의 말을 쓴다. 기대 수준에 어느 정도 근접하긴 했지만 특정 기준에 도달하지 못했을 때는 '아쉬움'을 느낀다고 표현한다.

❹ 좋음 - 싫음

'좋음 - 싫음', 즉 호오(好惡) 차원은 주관적 기준에 따른 감정이다. 그 기준에 맞으면 좋다는 감정이, 맞지 않으면 싫다는 감정이 든다. '좋음-싫음'은 상황, 대상, 관계에 따라 무수히 많은 감정들로 세분될 수 있다. 또한 '좋음-싫음'은 '접근-회피'의 동기와 관련되는데, 좋은 것은 가까이하고 싶고 싫은 것은 멀리하고 싶어진다. 좋음의 정도가 커지면 그 대상과 관계에 따라 '소유욕, 애착, 사랑' 등의 감정으로 발전하기도 하고 싫음의 정도가 커지면 '혐오(disgust)'에 가까워진다. 우리말로는 '만족-불만족' 차원과 '좋음-싫음' 차원은 '마음'이라는 말을 써서 '마음에 든다-마음에 들지 않는다'는 식으로 표현된다.

한국인의 마음 특징

한국 토착심리학에서는 한국인들의 마음 구조를 '기질성 마음, 느끼는 마음, 주인성 마음'으로 구분한다. 첫 번째, '기질성 마음'은 개인의 성격이나 기질, 가치관 등의 개인적 특성과 개인이 가지고 있는 지식과 도식, 지각 및 인지적 특성을 포함한다. 성격(personality), 가치관(values) 등 유형화할 수 있거나, 지각(perception)이나 인지(cognition) 등 경험 과정에 관한 것들로서 현대 심리학에서 대상화하여 탐구하고 있는 영역이다.

두 번째, '느끼는 마음'은 어떤 사건이나 자극을 접해서 일어나는 내적인 마음 상태를 뜻한다. 마음이 외현적으로 발현되는 이 상태는 정서적인 느낌뿐만 아니라 대상에 대한 태도, 상황이나 자극으로 인해 촉발된 생각, 인지, 표상, 도식, 생리적 반응까지 모두 포괄한다. 느끼는 마음 중에서 객관적 대상화가 가능한 부분들은 정서심리학과 인지심리학에서 다루고 있고, 상황 및 대상과 관련된 부분은 사회심리학(예 : 특정 상황 혹은 대상에 대한 감정)에서 연구된다.

그러나 이와 다르게 개인의 특징(기질성 마음)과 상황이 상호작용하는 가운데 총체적 상황을 주관적으로 경험하고 느끼는 맥락적인(contextual) 경험이 있다. 객관적 대상화가 어려운 지점으로 객관적인 상황이나 사건에 특수한 개인의 주체적(agentive)인 면이 작용하여 개인의 경험을 주관적으로 만드는 부분이다.

어떤 사건이나 대상에 대한 자신만의 감상이나 해석이 그 예다. 같은 것을 보고 들어도 사람마다 기억하고 떠올리는 내용이 달라지는 이유다. 어떤 사건이 나에게 주는 의미는 개인적이며 주관적일 수밖에 없다. 그러나 현대 심리학에서는 이 부분을 개인차 혹은 오차로 간주한다. 어떠한 자극에 대해 대부분의 사람들이 특정 방식으로 반응할 거라고 예상했다면, 그들 중 개인적인 이유로 예상치 못한 반응을 보이는 몇몇 경우들을 심리학에서는 연구 대상으로 고려하지 않는다는 뜻이다.

그러나 이 부분, 즉 개인의 주관적 경험은 다음의 주인성 마음과 관련하여 한국인의 마음을 이해하는 데 중요한 비중을 차지한다고 생각한다. '주인성(agentive) 마음'이란 마음의 주인인 개인이 관장하고 행사하는 자의적 마음을 말하는데, 이는 한국인들이 자주 쓰는 '마음'에 대한 표현들에 잘 드러난다. 개인은 마음의 주인으로서 상대방에게 마음을 '쓰고', 마음을 '부리고', 마음을 '먹고(작심: 作心)', 마음을 '놓고(방심: 放心)', 마음을 '싣고 거두는' 행위를 한다. 이때 마음은 개인의 행위를 관조하고 통제하는 '주재(主宰)성, 자의(恣意)성'을 갖는다. 주재성이란 마음이 개인의 행위를 통제하는 주체(agent)가 된다는 뜻이며, 자의성은 마음의 작동 방식이 매우 주관적이고 개인적이라는 뜻이다. 한국인들은 이러한 주인성 마음, 즉 마음을 먹거나, 잡거나, 쓰거나 하는 면을 중요하게 여긴다. '모든 것은 마음먹기에 달렸다'는 말은 주인성 마음의 특징을 단적으로 보여 준다. 한국인들은 상황에 대한 인식(知)이나 일시적인 기분(情)보다는 자신이 통제력을 발휘할 수 있는 의지(意)를 보다 중요시한다.

한국인들의 대인관계에서도 마음먹기와 마음 써 주기의 중요성이 잘 나타난다. 예를 들어, 내키지 않는 일도 상대방과의 정을 생각해서 '큰맘 먹고' 해 준다거나, 자신도 형편이 어려운 상황에서 친구의 어려움에 손을 내미는 것 등이 그렇다. 같은 논리로, 내게 '마음을 써 줄 것'이라 기대되는 친구가 그 기대를 저버릴 때 한국인들은 '마음이 상하는', 서운하고 섭섭한 감정을 느낀다.

이외에도 주인성 마음의 중요성을 짐작할 수 있는 표현은 많다. '아낀다, 생각한다, 먹는다, 본다'라고 표현할 수 있는 것을 '아껴 준다, 생각해 준다, 먹어 준다, 보아 준다'와 같이 '준다'라는 보조동사를 추가하여 표현하는 것은 행위의 주체로서 마음의 작용을 강조하는 방식이라 볼 수 있다.

기질성 마음(성격, 기질 등)과 느끼는 마음(정서, 지각, 인지 등)은 이미 현대 심리학의 주제로 연구되고 있는 영역이다. 그러나 경험의 주관성과 관련 있는 주인성 마음은 마음관의 차이와 연구의 어려움 때문에 이제까지 관심 주제로 받아들여지지 못하고 있었다. 하지만 한국인의 일상 언어에서 드러나듯이 마음의 주관성은 한국인 심리를 이해하는 데 대단히 중요한 주제로 자리 잡아야 한다.

물론 한국인들의 주인성 마음이 강조된다고 해서 그것이 한국인에게만 일어나는 고유한 현상이라는 뜻은 아니다. 하지만 한국인들의 마음을 이해하기 위해서는 당연히 한국의 문화적 맥락과 한국인의 언어적 습관을 먼저 이해해야 할 것이다.

문화적 감정과 한국인의 마음

한국인 마음의 질을 이해하기 위해서는 우선 한국의 문화적 감정을 이해해야 한다. 문화적 감정이란 특정 문화권에서만 이해되는 감정을 말하는데, 대개 그 문화(지역, 민족, 나라)의 언어로 표현되며 그것을 바탕으로 사회적 상호작용이 가능하도록 정교화된 방식을 갖추고 있다.

과거 심리학에서 감정은 문화와 관계없는 보편적인 것으로 여겨져 왔다. 기쁨, 슬픔, 분노, 공포 등의 감정은 발생적인 측면에서 생물학적인 기원을 갖기 때문에 이러한 견해가 타당한 것으로 받아들여졌다. 그러나 비교문화연구들이 축적되면서 감정이 문화 보편적이라는 기존의 관점은 변화가 필요하다는 목소리가 많다.

물론 감정이 문화에 따라 다르다는 말은 감정 발현의 생물학적인 과정이 문화에 따라 달라진다는 뜻이 아니다. 어떠한 감정이 발현되는 생물학적인 과정은 문화를 떠나서 보편적일 수밖에 없다. 이 말은 감정에 대한 해석이 문화의 영향을 받을 수 있다는 뜻이다. 다시 말해 감정이 문화에 따라 다르다는 말은 어떠한 감정에 대한 해석과 설명이 문화에 따라 달라질 수 있다는 말이다. 특히나 어떤 감정이 한 문화에서 독특하게 경험되는 성질의 감정이라면 반드시 그것의 배경이 되는 문화적 맥락을 이해해야 한다.

이러한 견해는 샥터와 라자루스 등에 의해 제안된 인지평가이론과 궤를 같이 한다. 인지평가이론은 감정이 생리적 반응뿐 아니라 개인이 처한 상황과 그 상황에 대한 개인의 해석이나 평가에 의해 결정된다는 주장이다. 어떤 감정을 경험하는 개인의 상황과 그 감정에 대한 해석 체계는 그가 살고 있는 문화에 의해 규정된다. 이런 관점에서 문화인류학자 거츠는 '문화는 해석의 체계'라고 정의한 바 있다.

특히 감정을 표현하는 데 있어서 문화는 반드시 고려되어야 한다. 인간은 사회화 과정을 통해 감정 표현 규칙을 습득해 자신의 의향을 상대에게 전달하도록 훈련하고, 상대가 표현하는 감정을 이해하기 위한 능력과 주의도 발달시킨다.

앞서도 언급했듯이 개인 특수적이고 주관적인 측면이 강한 한국인의 감정 경험(주인성 마음)들은 기존의 방식으로 이해하기 어렵다. 이제부터는 한국인들이 감정을 경험하는 방식에 대해 살펴보자.

한국인들은 감정을 표현할 때, '느낌' 혹은 '감(感)'이라는 말을 많이 쓴다. 이 느낌은 생각이 개입되기 전의 즉각적 경험(feeling/sense)을 뜻한다. 무엇인지 명확하게 알 수는 없지만 마음이 움직였음을 '느끼는' 순간을 말한다. 사람들은 이를 이해하기 위해 반추적(reflective) 사고를 한다. 반추적 사고란 자신이 한 경험을 되새겨 자신을 중심으로 사태의 의미를 파악하고 재해석하는 과정을 뜻한다.

기본 감정으로 알려진 '분노, 슬픔, 기쁨, 혐오' 등을 유발하는 자극들은 이러한 반추적 사고가 개입될 여지가 없이 명확하다. 이 기본 정서들은 유기체의 생존과 밀접한 관련이 있기 때문이다. 그러나 '답답하다, 아쉽다, 서럽다, 서운하다, 한스럽다, 억울하다, 안타깝다' 등의 문화적 감정은 어떠한 사건을 경험하는 개인이 자기 관여적으로 체험하는 주관적 성격을 갖는다. '자기 관여적'이란 사건이 자신에게 미친 영향을 자신의 배경, 도식, 가치, 목표 등과 직간접적으로 관련시켜 해석하고 받아들인다는 뜻이다. 이러한 정서들은 문화적 관습이나 가치의 영향을 받기 때문에 완벽하게 명확하지는 않다. 애매한 느낌이지만 자신(주인성 마음)이 관여되어 있기 때문에 무시해 버릴 수도 없는 그런 기분이다. 사람들은 이러한 느낌을 이해하기 위해 반추적 사고를 하지만 이 과정만으로는 부족하다.

자기 관여적 경험에서 작용하는 강한 주관성 때문에, 자신이 경험한 느낌을 확인하고 정당화하기 위해서는 타인들의 반응, 즉 사회적 피드백이 필요하다. 따라서 문화적 감정의 경험은 다른 이들과의 상호작용을 통해 완성된다. 경험을 해석하는 방식은 개인마다 다를 수 있지만 이러한 해석들이 온전히 자의적일 수는 없다. 의사소통을 위해서는 특정 상황 맥락에서 감정을 경험하고 해석하는 문화적 규칙이 존재할 수밖에 없다.

즉, 개인적이고 주관적 감정 경험이라 해도 해당 문화의 사람들이 공유하는 감정의 경험과 해석의 틀 안에서 작용하기 때문에 사람들은 다른 이들의 경험을 이해할 수 있는 것이다. 한국인들은 다른 이들의 감정 경험을 이해하기 위한 여러 방식들을 발달시켜왔다. 그러므로 한국인들의 문화적 감정을 이해하기 위한 또 하나의 과제는 한국인들의 대인관계 양상과 그 관계 내에서의 교류 방식 등을 이해하는 것이다.

한마디로 요약하자면, 한국인들의 대인관계 양상은 '우리성-정' 관계라 할 수 있다. '우리성-정' 관계는 한국의 관계주의 문화와 밀접한 관련이 있다. 흔히 한국 문화를 집단주의 문화라 하지만, 문화심리학자들은 한국인들의 경우 자신이 속한 집단 자체보다는 자신이 맺은 관계의 내용과 지속성을 중시한다는 측면에서 관계주의 문화로 보는 편이 옳다고 주장한다.

관계주의 문화에서는 집단이 가시적 구조로서의 존재성을 지니고 개인을 압도하기보다는 개인에게 연계망을 제공하는 구조로서의 기능을 한다. 쉽게 말해, 사람들은 자신이 속한 집단의 영향을 받기보다는 자신이 형성하고 있는 인간관계의 동학(dynamics)에 더 큰 영향을 받는다는 뜻이다. 그러한 관계로 맺어진 사람들이 '우리'이고 사람들이 '우리' 안에서 맺는 관계가 '우리성'의 관계다. 물론 대인관계의 양상은 공적 관계와 사적 관계로 구분할 수 있지만, 다양한 마음의 질을 파생시키며 문화심리학의 관심 주제가 되는 것은 사적 관계, 즉 '우리' 안에서의 마음 경험이다. 특히 한국 문화에서 대인관계의 양상은 우리성이 전제된 관계(우리)와 그렇지 않을 때가 크게 달라진다. 우리가 개입되지 않은 인간관계의 교류 원칙에는 합리성과 이성, 이해타산의 논리가 작용하는 반면, 우리 내에서는 '우리 지각(우리 편)', 사적인 정과 의리, 감정의 논리를 바탕으로 관계가 이루어지기 때문이다. 이러한 한국인의 인간관계에서 비롯된 문화적 감정의 대표적 예는 정(情)이다.

이렇듯 문화적 감정은 감정 자체뿐만 아니라 해당 감정을 경험하는 맥락, 관계의 종류와 질, 행위 양식 등을 포함하는 개념이다. 결론적으로 한국인들의 마음은 문화적 감정에 잘 드러나 있다.

2 Chapter

The Emotions of Koreans

인간의 보편적 경험, 기본 감정

기본 감정은 인간의 보편적 경험에 대한 생물학적 반응이다. 원하는 것을 얻으면 기뻐하고 얻지 못하면 슬퍼하며, 누군가 자신의 영역을 침범하거나 소유물을 빼앗으려 하면 화를 낸다. 이러한 반응은 특정 사회나 문화와 관계없이 보편적으로 나타난다. 그러나 기본 감정을 경험하는 맥락과 감정의 질은 문화와 사회에 따라 달라질 수 있다.

심리학에서는 '기쁨, 슬픔, 분노, 공포, 놀람, 혐오'의 6개 감정을 기본 감정으로 분류해 왔는데, 이 책에서는 '괴로움, 따분함, 안도감, 황홀경, 바람(欲)'의 다섯 개 감정을 기본 감정으로 추가하여 총 11개의 감정에 관해 알아본다.

살면서
가장 공포스러운 순간이 온다면

보이는 위험에 대한 두려움, 공포

아이와 함께 걷던 엄마가 잠깐 한눈판 사이, 아이가 찻길 쪽으로 뛰어갔다. 신호등은 빨간불. 엄마의 온몸에 소름이 쫙 끼쳤다. 아이 엄마는 손에 든 것들을 내팽개치고 아이 쪽으로 뛰어갔지만 아이와의 거리는 이미 꽤 벌어져 있었다. 찻길에는 차들이 쌩쌩 달리고 있는 상황. "안 돼!" 엄마는 눈앞이 새하얘졌다. 아이가 횡단보도 앞에서 한 번 폴짝 뛰면서 걸음을 멈춘 순간, 아이 앞으로 커다란 트럭이 굉음을 내며 지나갔다. 아이 엄마는 살면서 이렇게 공포스러운 순간이 있었던가 생각하며 가슴을 쓸어내렸다.

공포

두렵고 무서움
fear, 두렵다, 무섭다, 전율, 겁(怯)

공포는 특정 대상이나 상황에 대한 강렬한 두려움을 뜻한다. 끝이 보이지 않는 까마득한 절벽 앞에 섰다거나 갑자기 맹수를 만난다면 우리는 공포를 느낄 것이다. 살면서 누구나 한 번쯤 강렬하게 느껴 봤을 법한 공포는 어떤 감정일까?

생물학적 속성 및 기능

진화심리학적으로 공포는 '위험에 대한 반응'이다. 공포를 느끼면 심박수가 올라가고 호흡이 가빠지며 피부에 소름이 돋는 등 교감신경계가 활성화된다. 또한 위험 대상에게로 주의와 지각이 집중되면서 그 상황을 빠르게 벗어나기 위한 '투쟁-도주' 반응이 나타난다. 투쟁-도주 반응이란 눈앞에 있는 공포의 대상에 맞서 싸우거나 도망가기 위한 신체적, 심리적 반응을 말하는데, 그 대상과 싸워 이길 것 같으면 '투쟁 모드'가 되고(이때의 감정 방향은 분노로 바뀐다), 이기지 못할 것 같으면 겁이 나서 도망가는 '도주 모드'가 된다. 압도적인 공포를 느끼면 투쟁-도주조차도 할 수 없는 상태가 되어 몸이 굳어 버리거나 기절하는 경우도 있다.

공포는 특정 대상이나 상황을 맞닥뜨릴 때 즉각적으로 경험되며 위협이 사라지면 비교적 빨리 가라앉는 감정이다. 공포가 가라앉으면 활성화되었던 교감신경계가 잦아들고 부교감신경계가 활성화되면서 긴장이 풀리고 편안한 마음(안심, 안도감)이 든다.

공포는 부정적인 감정이지만 생존에 도움이 된다. 만약 가파른 낭떠러지 앞에서도 두려움을 느끼지 않고 호랑이를 만나도 겁을 내지 않는다면 생존에 불리해지고 후대에 자신의 유전자를 남기기도 어려워질 것이다. 한편 공포가 유발하는 투쟁-도주 반응 중에는 아드레날린이 분비되는데 이 물질의 작용으로 공포감이 들 때 짜릿한 흥분과 쾌감이 느껴지기도 한다. 이러한 감각은 위험한 상황에서 벗어나는 것(투쟁-도주)을 조금이라도 돕기 위한 작용이다. 이런 작용으로 인한 흥분과 쾌감을 느끼기 위해 익스트림스포츠를 즐기거나 공포영화를 보는 식으로 공포 상황을 일부러 찾는 사람들도 있다.

'불안'과 혼동되는 공포

공포는 종종 불안과 혼동된다. 학술적으로 볼 때 공포가 뚜렷한 원인이 있는 위험에 대해 두려움과 무서움을 느끼는 감정이라면, 불안은 뚜렷하지 않은 이유로 두려움과 무서움을 느끼는 감정, 또는 '뭔가 나쁜 일이 일어날 것이다'와 같은 일반적인 기대에서 비롯되는 감정이다.

공포가 특정 대상 또는 상황에서 즉각적으로 활성화된다면, 불안은 뚜렷한 이유 없이 생겨나기 시작하고 주위의 위협 요소가 발견되지 않아도 금방 사라지지 않는다. 때문에 불안은 주관적, 심리적인 요인이 크며 심리적인 문제로 직결될 수 있다. 불안이나 공포를 오래 느낀다는 것은 교감신경계의 과도한 활성화와 강한 스트레스를 지속적으로 경험한다는 뜻이므로 몸과 마음에 무리가 갈 수밖에 없다. 한편 해결되지 않은 문젯거리를 놓고 속을 태우는 것을 '근심', 어떤 일이 잘못될까 봐 불안해 하는 것을 '걱정(한자어로 우려: 憂慮)'이라고 한다. 근심과 걱정은 불안을 대처하는 과정에서 뾰족한 수가 없어서 한층 더 속이 타는 감정이라 할 수 있다. 근심은 대개 낯빛으로 드러난다. 흔히 '얼굴에 수심이 가득하다'는 말도 여기서 비롯된 것이다. 불안은 근심과 걱정(우려)을 낳고, 계속 불안이 해결되지 않으면 무력감(우울)이 찾아올 수 있다.

문화적 맥락으로 보는 공포

공포는 워낙 강렬하고 원인이 분명한 감정이기에 감정 자체는 보편적이다. 심리학에서도 대표적인 기본 감정으로 본다. 다만 문화에 따라 공포를 경험하는 상황이나 대상이 다를 수 있다. 예를 들어, 미국에는 '광대공포증'이라는 정신장애가 있다. 미국에는 어린아이들의 생일이나 파티 등에 광대를 부르는 문화가 있는데, 어린 나이에 처음으로 광대 분장을 한 사람을 보면 공포를 느낄 수 있기 때문이다. 공포를 경험하는 대상이나 상황도 다양하기 때문에 문화나 개인에 따른 차이도 큰 편이다.

♥ **이 감정, 어떻게 표현하고 이해할까**

공포를 표현하는 방법은 다양하다. '공포스럽다'는 다소 문어적인 표현이고, 우리말로 '두렵다, 무섭다, 겁나다' 등의 표현이 있다. 때로는 공포를 느낄 때 '가슴이 뛴다, 덜덜 떨린다, 소름 끼친다, 모골이 송연하다, 몸이 굳는다' 등의 내수용감각으로 표현하기도 한다. 말하지 않아도 눈이 커지고 동공이 확대되어 있거나(표정), 입을 벌리고 숨을 몰아쉬거나(헐떡거리다) 몸을 떠는 행동(덜덜 떨린다) 등은 그 사람이 공포를 느끼고 있다는 근거가 된다. 물론 이러한 신체적 표현의 원인이 공포가 아닌 다른 감정일 수도 있으므로 단번에 넘겨짚는 것은 곤란하다. 두려움과 공포에 떤다고 생각했던 사람이 사실은 분노에 치를 떠는 것일 수도 있다.

기쁨은
우리 마음 건강의
영양제가 된다

기대가 충족되었을 때의 쾌감, 기쁨

A작가는 얼마 전 방송프로그램 「어쩌다 OO」에 출연 제의를 받고는 설렘에 가슴이 부풀어 올랐다. 강연 준비를 하고 무대에 서기 전까지 긴장하고 있었지만 막상 강연이 시작되자 시간 가는 줄 모르고 즐겁게 강연에 몰입했다. 다른 사람들에게 자신의 생각을 인정받았다는 기쁨, 강연 내용에 사람들이 순간순간 반응할 때의 희열, 강연을 다 마치고 내려왔을 때의 뿌듯함. A작가는 먼훗날 자신의 장례식에서 「어쩌다 OO」을 틀어 달라고 유언해도 좋겠다고 생각했다.

기쁨

어떤 만족감에 의해 느끼는 즐겁고 흥겨운 감정
joy, 즐거움, 환희, 희열, 희희낙락

기쁨은 획득에 대한 반응이라 할 수 있다. 사람들은 자신이 원하던 것을 얻으면 강렬하게 유쾌한 감정을 느낀다. 우리는 기쁨을 느낄 때 '붕 뜨는 기분, 짜릿하다, 콧노래가 나온다, 어깨춤이 절로 난다, 엉덩이를 들썩거리다' 등의 신체감각으로 표현하기도 한다. 기쁨은 기대에서도 발생하는데, 소풍 전날 밤잠을 설치는 어린이들의 설렘이나 첫 데이트를 앞두고 가슴 설레는 연인들의 기쁨 같은 것들이 그에 해당한다. 기쁨이 우리 삶에 미치는 효과는 지대하다.

생물학적 속성 및 기능

기쁨은 보상계(복측피개영역(VTA)과 측좌핵을 포함한 뇌의 보상 시스템)의 작동과 관련 있다. 확률 높은 보상을 기대하는 것은 또 다른 즐거움이 된다. 기대가 충족되어 기쁨을 맛보면 그 행동을 반복하게 되는데 이 역시 보상계의 작용이다. 기쁨은 생리적 각성을 수반한다. 기쁠 때 느끼는 짜릿함과 흥분감은 보상계에서 분비되는 도파민의 작용이라 할 수 있다.

기쁨은 여러 행동으로 표현된다. 살짝 미소 짓는 정도로 작은 기쁨을 표현하는 사람도 있고, 눈을 동그랗게 뜨고 크게 소리 지르거나 제자리에서 펄쩍펄쩍 뛰는 행동으로 큰 기쁨을 표현하는 사람도 있다. 너무 기뻐서 숨을 몰아쉬고 몸을 부들부들 떨기도 한다. 이러한 행동은 공포나 분노처럼 교감신경계의 흥분을 수반하지만 기쁨은 공포, 분노와 전혀 다른 감정이다.

기쁨은 보상계의 작용에 따른 감정이기 때문에 특정 행동을 계속할 수 있게 만들어 준다. 힘든 육아를 지속시키는 동력은 아이로 인한 기쁨이며, 앞이 보이지 않는 수험/취준 생활을 버틸 수 있는 것은 합격과 그 이후의 삶에 대한 기대 때문이다. 기쁨을 좀처럼 느끼지 못하는 사람에게서는 어떤 일을 시작하고 지속할 이유를 찾기 어렵다.

기쁨에는 사회적 기능도 있다. 기뻐서 나오는 웃음은 타인과의 심리적 거리를 줄여 주는 매개체가 되며, 여러 사람들이 하나의 사건에 같이 기뻐한다는 사실만으로도 쉽게 공감대가 형성된다. 사람들은 잘 웃는 사람에게 친밀감을 느끼며, 남을 잘 웃기는 사람은 어디서나 인기가 많다. 타인과의 협동과 공감은 사회적 존재로서의 인간이 생존 가능성을 높일 수 있는 유용한 도구다.

'웃음 치료'가 있을 만큼 정신 건강에 미치는 기쁨의 효과는 매우 크다.

대조효과로서의 기쁨, '안도감'

안 좋은 일만 계속 생기다가 좋은 일이 생기면 당연히 기쁠 것이다. 한편 상황은 좋지 않아도 인지적 평가에 따라 기쁨을 경험하기도 한다. 예를 들면, 올림픽에서 동메달을 딴 선수가 은메달을 딴 선수보다 더 표정이 밝다면 이는 더 안 좋은 결과(노메달)와 비교(하향 비교)하여 현재 자신의 상태를 평가한 결과일 것이다. 또는 운전 중에 차 타이어가 펑크 났을 때 '운이 나빴으면 더 큰 사고가 날 뻔했다'며(하향적 사후 가정 사고) 안도감을 느낄 수도 있다. 이러한 경향성을 포괄적으로 '대조효과(contrast effect)'라 하며, 이런 류의 기쁨은 안도감으로 분류할 수 있다.

기쁨을 표현하는 '즐거움, 기꺼움, 쾌감'

기쁨을 표현하는 여러 단어가 있다. 일단 성리학에서 인간의 기본적 감정으로 보는 칠정(七情)에는 기쁨(喜)과 즐거움(樂)이 포함되어 있는데, 애매하지만 기쁨(喜)이 원하는 것을 얻거나 좋은 일이 생기는 데서 오는 감정(joy/pleasure)이라면, 즐거움(樂)은 어떤 것이 마음에 들거나 어떤 일을 경험하는 과정에서 얻게 되는 긍정적 감정(enjoy)에 가깝다. 특히 만족으로 인한 기쁨을 '기꺼움'이라 한다. 어떠한 기대가 충족되었을 때의 만족감은 기쁨으로 인식된다. 한편 상쾌하고 즐거운 느낌을 뜻하는 '쾌감'은 다양한 이유로 경험되는 긍정적인 감정이다. 덥고 답답한 실내에 있다가 시원한 바람이 부는 야외에 나온 듯한 신체감각(내수용감각)의 말로 표현하는 감정이다.

기쁨과는 다른 '행복'

기쁨은 시험에 합격하거나 맛있는 음식을 먹었을 때 등의 다양한 이유로 경험되는 일시적 감정인 반면, 행복은 특정한 이유 없이 삶에 대한 전반적인 만족으로도 느껴지는 것이며 경우에 따라서는 오래 지속된다는 점에서 기쁨과 다르다.

문화적 맥락으로 보는 기쁨

기쁨 역시 누구와의 관계에서 무엇을 얻느냐에 따라 많은 편차가 있다. 얻은 것의 크기와 중요도, 또한 우연히 얻은 것인지 간절히 원해서 얻은 것인지에 따라서도 경험하는 감정의 질과 정도의 차이가 있다. 문화권에 따라 기쁨이나 즐거움에 대한 맥락이 다르다. 네덜란드어 '후브레트(voopret)'는 어떤 사태의 발생 전에 느껴지는 쾌감을 뜻하고, 자바어 '이클라스(iklas)'는 좌절로 인한 기쁨을 뜻한다. 독일어 '샤덴프로이데(shadenfreude)'는 타인의 곤경이나 불행을 보고 즐거워하는 마음을 뜻하는데, 우리말의 '쌤통'도 비슷한 경우의 마음을 표현하는 말이다.

우리가 반드시 짚고 넘어가야 할 한국어의 기쁨 표현은 '흥겨움'과 '신/신남'이다. 흥과 신은 한국 문화에서 매우 중요한 개념이며 특히 신(신명)은 한(恨)과 관련하여 수많은 맥락과 의미를 담고 있는 표현이다.

♥ **이 감정, 어떻게 표현하고 이해할까**

기쁨은 보상과 기대, 동기와 관련된 감정이기 때문에 기쁨의 이유와 맥락, 표현에 대한 수많은 개인차와 문화차이가 있다. '기쁘다, 즐겁다'라고 말로 표현하기도 하지만 웃음, 표정, 행동 등으로 표현하는 경우가 많으며, 기쁨의 작용으로 어떠한 행동에 심취하고 몰입하는 경우도 있다. 기쁨의 내수용감각은 설렘, 짜릿함 등 보상계(도파민) 작용과 관련 있으며 자신도 모르게 '몸을 들썩거리고', '어깨춤'을 추거나 '콧노래'를 부르는 등의 행동으로 드러나기도 한다.

가슴이 찢어지는 슬픔이 나를 보호한다

상실에 대한 반응, 슬픔

A와 B는 일찍이 부모를 여의고 서로 의지하며 사랑하던 연인이다. 행복한 나날을 보내던 이들에게 갑자기 청천벽력과 같은 일이 벌어졌는데, 건강검진에서 B의 암이 발견된 것이다. 그들은 예정대로 결혼식을 준비했지만 B의 상태가 악화되어 끝내 식을 올리지 못했고, B는 결혼식 예정일 이틀 뒤에 숨을 거두고 말았다. 항암 치료를 위해 깎은 머리에 웨딩드레스를 입고 환하게 웃던 B를 보며 슬픔에 가득 찬 눈으로 미소 짓던 A의 애절한 모습은 사람들의 가슴을 먹먹하게 만들었다.

슬픔

서럽거나 불쌍하여 마음이 괴롭고 아픔
sad

슬픔은 상실에 대한 반응이다. 자신에게 중요한 사람이나 물건을 잃으면 슬픔을 느끼게 된다. 회복 불가능한, 다시 말해 결과를 바꿀 수 없는 상실에 무력감(통제감 상실)을 느끼는데 이때의 무력감은 슬픔의 일종이다.

생물학적 속성 및 기능

슬픔은 흔히 울음과 눈물을 수반한다. 울음은 심박수가 증가하고 호흡이 빨라지는 등 교감신경계의 흥분과 관련된 반응이다. 따라서 슬픔의 생물학적 반응은 일차적으로 공포와 분노 등의 감정과 유사해 보인다. 그러나 공포와 분노가 투쟁-도주 반응과 관련 있다면 슬픔은 무력감을 동반하며 활동 수준을 낮춘다. 이런 특성은 '눈물이 나고, 가슴이 먹먹해지고, 애가 끊어지는(내장이 절단되는)' 등으로 묘사되는 내수용감각 표현에서 잘 드러난다. 눈물은 시야를 가리고 가슴과 복부의 통증은 몸을 웅크리게 만든다. 그런데 이런 신체 변화는 에너지를 보존하여 슬픔을 느끼는 사람을 더 큰 위험으로부터 보호한다. 상처를 입으면 상처가 나을 때까지 쉬어야 몸이 회복되는 것과 같은 원리이다. 때문인지 슬픔은 고통의 지각과 밀접한 관련이 있다. 슬픔을 나타내는 한자어에는 고통과 괴로움을 뜻하는 통(痛) 자가 많이 붙는다. '애통, 비통, 침통'과 같은 단어가 그러하다.

　슬퍼하는 행동은 다른 사람의 주의를 끌어 도움받을 가능성을 높이기도 한다. 다른 사람의 슬픔을 보면 사람들은 자연스레 불쌍하다(측은하다)는 마음이 드는데, 인간은 이러한 공감 능력과 이타성으로 사회를 이루고 유지해 왔다. 유학에서는 측은지심(惻隱之心)을 인간의 근본적인 속성으로 꼽기도 한다.

　이러한 측면에서 울음과 눈물은 의사소통 수단이 되기도 한다. 울음소리는 타인의 주의를 집중시키고 눈물은 시각적으로 불쌍하다는 감정을 유발한다. 울음과 눈물은 사회적 효과 외에 긴장을 해소시키는 심리적 효과도 있다. 실컷 울고 나면 기분이 나아지는 느낌이 드는데 우는 동안 활성화되었던 교감신경계가 잦아들고 부교감신경계가 작동하면서 긴장이 풀리고 편안한 기분이 드는 것이다.

슬픔 표현의 한자어, '애(哀)'와 '비(悲)'

　한국어에는 한자 슬플 애(哀)와 슬플 비(悲)가 들어간 표현들이 많다. 맥락은 거의 비슷한데, 슬플 애(哀)는 '불쌍히 여기다'라는 뜻이 있어서 다른 이가 처한 사정에 슬퍼한다는 의미로 쓰이는 한편, 슬플 비(悲)는 상대적으로 자신의 일로 슬퍼한다는 의미로 쓰인다.

- 애통(哀痛: 몹시 슬퍼함), 애도(哀悼: 슬퍼하고 안타까워함), 애석(哀惜: 슬프고 아까움)
- 비통(悲痛: 몹시 아프고 슬픔), 비애(悲哀: 슬픔과 설움), 비참(悲慘: 매우

슬프고 끔찍함)

'우울'과는 다른 슬픔

슬픔은 어떠한 이유로 발생하는 감정이라면 우울은 분명한 이유가 없음에도 장기간에 걸쳐 지속되는 기분(mood)이다. 그러나 이러한 구분이 절대적인 것은 아니며, 단지 기간만의 문제로 구분되는 것은 아니다. 우울의 주된 증상은 슬픔이 아니라 즐거움의 결핍이라는 주장도 있다. 슬픔이 어떠한 대상의 상실에 따른 감정이라면 우울은 통제감의 상실로 인한 무력감과 의욕 상실이 주가 되는 감정이다.

문화적 맥락으로 보는 슬픔

슬픔은 상실의 대상과 관계에 따라 많은 경험의 차이를 보인다. 소유물을 잃어버린 데 대한 슬픔과 사랑했던 사람과의 이별에 대한 슬픔이 같지 않고, 상실의 대상이 부모 중 한 사람인지, 배우자 또는 연인인지, 친구나 자식인지에 따라서도 감정의 결은 매우 다를 것이다. 러시아에는 영적인 비통을 의미하는 '토치카(tocka)'라는 말이 있으며, 영어권에는 사랑하는 사람을 잃은 슬픔을 나타내는 'bereavement(애도)'라는 단어가 있다.

슬픔의 인지와 표현에 있어서도 마찬가지다. 전통적으로 남성들의 슬픔 표현은 억제되어 온 측면이 크며 상대적으로 여성들의 울음이나 눈물은 허용적일 뿐만 아니라 유용한 의사소통 수단으로 여겨지기도 했다.

문화적으로도 슬픔 표현의 차이가 있는데, 유교문화권과 같이 사랑하는 가족의 죽음에 대해 더 크게 인지하고 표현하는 경우가 있으며, 아프리카의 가나나 마다가스카르처럼 가족의 죽음을 축제처럼 받아들이고 표현하는 문화권도 있다. 가나와 마다가스카르 사람들이 슬픔(애도)을 느끼지 못해서가 아니라 애도를 표현하는 방식이 다른 것이다.

한국어에는 독특한 맥락을 가진 슬픔 표현이 많다. 상대방에 대한 기대의 상실과 관련된 '서운함'이나 자신의 무력한 처지에 대한 자의식적 슬픔인 '서러움', 가장 한국적이고 상징적인 감정인 '한(恨)' 등이 그것이다.

♥ 이 감정, 어떻게 표현하고 이해할까

슬픔은 분노와 공포처럼 교감신경계의 흥분을 동반하는 격렬한 감정이다. 그러나 상실의 대상 및 대상과의 관계, 문화적 표현 규칙 등 여러 이유로 슬픔의 표현도 다양하다. 슬픔을 직접 말로 표현하기보다는 눈물과 표정 등 비언어적 단서로 표현하는 경우가 많다.

한국인은 왜 늘 화가 나 있을까

내 것을 침해당한 데서 오는 화, 분노

A는 아침에 주차된 차를 확인하고 머리끝까지 화가 났다. 누군가 A 차의 옆구리에 스크래치를 깊게 내고 간 것이다. 새로 산 지 얼마 되지 않아 애지중지하는 차였다. A는 숨을 거칠게 몰아쉬며 블랙박스 영상을 확인해 봤지만 사각지대여서 누가 그랬는지 알 수는 없었다.

'실수로 그랬다면 메모와 연락처라도 남겼어야지, 세상에 뭐 이런 경우가 다 있나!'

A씨는 울근불근하는 얼굴로 발을 동동 굴렀지만 증거가 없으니 어쩔 도리가 없었다.

분노

분개하여 크게 화를 냄
anger, 화, 노(怒)

분노는 위협을 당하거나 피해를 입는 상황에서 그러한 위협이나 피해를 유발한 상대에 대한 공격성을 수반하는 감정이다.

생물학적 속성 및 기능

분노는 자신에게 피해를 끼치는 대상과의 투쟁을 전제하는 감정이기 때문에 교감신경계의 반응을 촉발한다. 대표적으로 호흡과 심박수가 빨라지고 체온이 상승하는 등의 반응이 나타나는데 이는 화가 날 때의 내수용감각 표현에도 잘 드러난다. '화(火)'라는 말 자체가 내수용감각에서 비롯된 것으로 보인다.

진화심리학적으로 보면 분노는 자신의 영역을 침범당하거나 소유물을 빼앗겼을 때, 그 과정에서 피해를 입었을 때 등의 상황에 대한 반응이다. 모르는 사람이 함부로 집에 들어오거나 누군가 내 물건을 빼앗으려 한다면 누구나 화를 낼 것이다. 이런 상황에서 화를 내며 상대를 공격하지 않는다면 내 영역과 소유물을 잃게 되고 상처를 입으며 결과적으로 생존 가능성도 낮아질 것이다. 보편적으로는 누군가가 자신의 영역을 침범하거나 소유물을 빼앗으려 할 때 분노를 느끼는데, 분노의 이유는 '고의적으로 유발된 불공정한 상황'으로 확장된다. 보통 '나와 내 것에 대한 비하적인 공격'이 대표적이며, 타인으로부터 비롯되는 좌절도 분노를 유발하는 것으로 알려져 있다.

분노에 영향을 미치는 중요한 요인 중 하나는 '통제감'이다. 누군가 내 영역을 침범하거나 소유물을 빼앗으려 할 때 내가 상대보다 우위에 있다면(통제감이 있다면) 분노를 느끼지만, 상대가 나보다 우위에 있다면(통제감이 없다면) 공포를 느낀다. 즉 누군가에게 화를 낸다는 것은 자신이 상대보다 우위에 있다고 지각한다는 뜻이다.

분노를 뜻하는 한국어 '화'

분노(anger)에 해당하는 한국어 표현 '화'는 '못마땅하거나 언짢아서 생기는 노엽고 답답한 감정'을 뜻한다. '노엽다'는 화가 날 만큼 섭섭하고 분하다는 뜻이고, '분하다'는 억울하여 화가 나고 원통하다는 의미이다. '원통하다' 역시 '억울하다'는 뜻을 지닌다. 즉 화의 원인은 못마땅하고 언짢은 일(불만족), 섭섭함(기대의 미충족), 억울함(부당함) 등이라는 것을 알 수 있다. 이러한 경우들에 몸속에서 불이 나는 것 같은 내수용감각인 화(火)의 감정이 나타나는 것이다.

분노가 담긴 '적개심(敵愾心)'과 '복수심(復讐心)'

나를 공격한 상대, 싸움의 대상(적)에 대해 분개하는 마음을 '적개심(敵愾心)'이라고 한다. 적개심에는 분노와 증오, 공격 의지가 포함된다. 중과부적의 적에게는 공포를 느끼겠지만 맞서 싸워야 한다면 용기를 북돋아 투쟁 의지를 일으킨다.

복수심은 나를 먼저 공격한 상대에게 앙갚음을 하겠다는 마음이다. '눈에는 눈, 이에는 이'처럼 복수는 대개 피해를 받은 만큼 상대를 공격하는 행위이지만, 원한이 크거나 상대에 대한 적개심과 공격 행위의 흥분이 맞물리면 받은 것 이상의 과도한 공격이 이루어져, 되로 주고 말로 받는 상황이 되기도 한다.

문화적 맥락으로 보는 분노

분노는 공포와 같이 기본 감정에 해당하지만, 원인이 뚜렷한 공포와는 달리 문화나 개인에 따라 분노의 이유는 매우 다르다. 분노할 상황을 규정하는 '자신의 영역', '자신의 소유', '상대의 고의성'과 '불공정'을 정의하고 인지하는 방식과 정도가 다양하기 때문일 것이다.

일례로 '명예의 문화'라고 일컬어지는 유목문화 기반의 문화권에서는 자신의 명예가 손상되었다고 느끼는 상황에서 분노와 공격성을 드러낸다. 유목이라는 삶의 방식이 특히 영역과 소유를 중시하기 때문이기도 하지만, 문화에 따라 '명예'의 정의는 다르다. 미국 남부 명예의 문화에서는 개인적 명예가 침해당했을 때 분노와 공격성이 나타난다면, 중동지역에서는 집안의 여성이 가장 허락 없이 다른 남자를 만나는 것도 명예에 대한 침해로 여긴다. (그리고 그 분노는 '명예살인'의 형태로 나타나기도 한다) 또한 필리핀의 일롱고트족에게는 분노와 열정이 결합된 '리겟(liget)'이라는 감정이 있으며, 러시아에서는 사람에 대한 분노를 뜻하는 '세르디치아(serdit′sia)'와 정치 상황 등 추상적인 이유로 인한 분노를 뜻하는 '즐리치아(zlit′sia)'가 구별된다.

한국 문화도 분노의 관점에서 매우 독특하다. 한국인은 늘 화가 나 있다는 외국인들의 관찰처럼 분노는 한국인을 묘사하는 대표적인 정서인데, 실제로 한국인들은 특히 '불공정한 상황'에 매우 민감하다. 한국 문화에서 불공정한 상황과 관련된 감정은 '억울'이라는 문화적 개념으로 이해할 수 있다.

분노 역시 공포나 불안처럼 교감신경계의 흥분을 동반하므로 지나치게 많은 대상에 대해서 오래도록 심하게 화를 내는 것은 건강에 좋지 않다. 한국 문화에는 화와 관련하여 정신장애로 분류되는 '화병'이라는 진단명이 존재한다. 화병은 화와 화를 경험하게 하는 상황, 화의 표현 등과 관련한 한국의 문화적 증후군이다.

♥ **이 감정, 어떻게 표현하고 이해할까**

분노는 격렬한 표현과 공격성을 수반하는 강렬한 감정이다. '화난다, 성난다'라고 말하지 않아도 숨을 몰아쉬거나(씩씩거리다) 몸을 떠는(부들부들하다) 행동으로 드러날 수도 있고, 흘겨보거나 노려보는 눈으로(표정) 표현될 수도 있다. 한편, 세상에는 개인적인 분노를 드러낼 수 없는 상황과 대상도 존재하는데, 그런 경우 분노는 한숨이나 눈물, 또는 학습된 무기력처럼 무력감과 우울감 등으로도 나타난다.

나와 다른 이들을 구분하려는 욕구가 지나치면

역겨움을 동반한 거부감, 혐오

A는 최근 충격적인 뉴스를 보았다. 10년간 친딸을 성폭행하고는 법정에 선 부친 B가 근친 사이의 성적 관계도 허용되어야 한다고 주장해 중형을 선고받은 것이다. B는 약 10년간 딸에게 상습적으로 성적 학대를 가했다. 피해자가 거부하면 때릴 듯 행동하며 위협하고 강제로 추행하는 등 성폭력을 일삼았고, 이에 겁을 먹은 피해자를 상대로 2~3주에 1회 또는 월 1회의 빈도로 범행을 저질렀다. A는 뉴스를 보며 범죄자 B에 대한 극도의 혐오감을 느꼈다.

혐오

싫어하고 미워함
disgust, 싫다, 역겹다

혐오는 섭취나 감염 등으로 기분 나쁜 대상이 내 신체 안에 들어올 수 있다는 인지에서 경험되는 극도의 불쾌감이다.

생물학적 속성 및 기능

감정을 적응에 따라 일어나는 생물학적 반응으로 보는 입장에 따르면, 혐오는 썩은 음식을 먹거나(disgust) 감염된 상처나 독충 등을 보았을 때 느껴지는 거부반응이라 할 수 있다. 이러한 반응은 역겨움이나 메스꺼움, 울렁거림 등을 일으키며 몸에 들어온 역겨운 물질을 구토하여 내보내고자 하는 내수용감각에서 명확히 드러난다.

혐오는 내가 살아가는 환경과 신체의 위생 유지와 생존을 위해 기능한다. 질병이나 감염을 초래하는 물질을 차단하거나 멀리하지 않으면 궁극적으로 생존을 위협받기 때문이다. 이런 측면에서 혐오는 도덕성 및 법률과 관련 있다(도덕적 혐오→수오지심: 羞惡之心). 사람들은 도덕적으로 크게 문제 있는 행위나 사람을 봤을 때 '더럽다, 역겹다' 등의 반응을 한다. 그러한 행위나 사람이 내가 속한 집단을 오염시켜 결국 생존을 위협하리라는 생각 때문이다.

혐오는 타인에 대한 태도로 확장될 수 있다. 사회적 감정으로서의 혐오는 '절대 타인과 동화되기 싫다'는 생각과 연합된다. 사람들에게는 자신과 다른 이를 구분하려는 욕구가 있기 때문에 너무 이질적인, 즉 자신과 너무 다른 타인들을 혐오의 대상으로 여기기 쉽다. 그들과 가까워지거나 동화되기 싫다는 생각, 나아가 그들이 자신을 오염시킬지 모른다는 생각에 두려움마저 생기는 것이다. 이러한 과정을 통해 사람들은 자신이 속한 내집단을 다른 집단과 구분하는 방식으로 집단 내의 연대감을 높여 왔다. 물론 타집단에 대한 차별을 정당화한다는 측면에서 혐오의 부작용도 만만치 않다.

대상에 대한 인식에서 오는 혐오

혐오는 인지와 밀접하다. 대상을 어떻게 인식하냐에 따라 혐오 반응이 일어날 수 있다는 점에서 혐오는 단순한 '기피(avoid: 감각에서 비롯되는 반응)'와 구분된다. 사람들에게 치즈 냄새를 맡게 하고 한 집단에는 그것이 치즈 냄새라고 말해 주고 다른 집단에는 똥 냄새라고 말해 주었을 때, 치즈 냄새라고 생각한 사람들은 좋아했지만 똥 냄새라고 생각한 사람들은 불쾌하다는 반응을 보였다. 이때 혐오 반응을 일으킨 것은 '냄새'라는 물리적 자극이 아니라 그것에 대한 사람들의 인식 때문이다.

또한 혐오는 '위험(danger: 대상이 가진 잠재적 위협)'과도 다르다. 독버섯 같은 위험한 대상이라 해도 그것을 먹지만 않는다면 같이 있어도 아무렇지 않지만 혐오스러운 대상은 모든 위험이 제거되어도 여전히 혐오스럽다. 아무리 철저히 소독하고 영양분만 남겼다 하더라도 똥으로 만든 대체 음식을 먹을 생각은 좀처럼 들지 않을 것이다. 다시 말해, 혐오는 감각이나 지각된 위험과는 별개로 대상에 대한 인식에서 비롯되는 감정이다.

우월성이 낳는 혐오

사회적 감정으로서의 혐오는 자신이 가진 사회적 기준, 즉 도덕성의 우월감에서 비롯된다. 달리 말해, 내가 사회적 지위나 도덕적인 면에서 우월하다는 생각은 그렇지 못한 이들에 대한 혐오로 발전할 수 있다. 중세 시대에 지속되었고 결국 제2차세계대전의 학살을 초래한 유럽인들의 유대인 혐오는 자신들이 유대인들보다 우월하다는 인식 때문이었다.

'경멸'보다 강한 혐오

'경멸(남을 깔보아 업신여김)'이란 사회에서 통용되는 기준에 미달하는 행위나 사람을 보았을 때 느끼는 감정이다. 이에 비해 혐오는 그러한 행위가 사회에 직접적인 피해를 발생시킬 수 있다는 두려움에서 비롯되기 때문에 감정의 강도가 더 강하다. 혐오가 역겨움 같은 직접적인 내수용감각을 유발하는 감정이라면 경멸(contempt)은 보다 사회적 감정이라 할 수 있다.

혐오가 극에 달할 때 생기는 '증오(憎惡)'

혐오는 오염을 유발할 수 있는 대상을 시급히 떼어 놓거나 멀리하려는 동기를 유발한다. 음식에서 썩은 부분을 발견했을 때 사람들은 눈살을 찌푸리며 그 부분을 떼어 내 버리려고 한다. 증오(hatred)는 혐오가 극에 달해 공격성마저 촉발되는 감정이다. 음식에서 바퀴벌레를 본 사람은 당장 바퀴벌레를 죽이려 할 것이다. 혐오가 기피와 차별, 격리를 유발한다면 증오는 공격, 범죄, 학살로 이어질 수 있다.

문화적 맥락으로 보는 혐오

혐오는 진화생물학적 측면이 크게 작용하는 기본 감정이다. 그러나 혐오를 지각하는 과정에는 인지적 요소가 크게 작용하기 때문에 개인차 또는 문화적 맥락이 개입할 여지가 크다. 특정 대상에 대한 인식은 그 사회의 문화적 배경과 깊은 관련이 있으며 대개 교육과 학습을 통해 전승된다.

심리학자들에 따르면 아이들은 최소 일정한 언어 능력을 획득한 이후 혐오를 경험할 수 있다. 적어도 세 살 이전의 유아에게는 혐오가 나타나지 않는 것처럼 보인다. 물론 태어나면서부터 쓴맛 등에 대한 불호는 나타나지만 이 나이대의 혐오는 기피나 위험(에 대한 지각)과 구분되지 않는다. 혐오는 네 살쯤 이후에 자리 잡는데 네 살이 되면 곧바로 완전한 혐오를 갖는 것이 아니라, 부모의 신호에 반응하면서 먼저 기피를 배우고 부모와 다른 사람의 혐오를 반복해서 경험한 후에 완전한 혐오를 갖게 된다.

혐오는 부모와 해당 사회 구성원들로부터 얻은 사회적 학습의 결과이다. 혐오는 사회의 복잡한 연계망을 거쳐 다른 대상에게로 확장된다. 특정 대상에 대한 금기나 행위 양식을 포함하는 일종의 문화적 관념 또는 문화적 태도가 형성되는 것이다.

♥ **이 감정, 어떻게 표현하고 이해할까**

혐오는 주로 표정으로 드러난다. 좋지 않은 냄새를 맡은 것처럼 코를 찡그리거나 무언가를 뱉어 내며 토하려는 입 모양 등으로 나타날 수 있다. 그러나 혐오는 복잡한 배경과 인지적 과정을 포함하는 감정이기 때문에 특정 대상에 대해 차별적이고 공격적인 언행으로 나타날 수도 있다. 어떤 사람의 혐오를 이해하기 위해서는 그가 가진 문화적 배경과 사회적 기준을 먼저 이해해야 하며, 혐오하는 대상에 대한 우월감의 출처 또한 확인할 필요가 있다.

깜짝 놀랐을 때
진정시켜 주어야 하는 이유

예기치 못한 사건에 대한 반응, 놀람

영화배우 A는 고속도로를 운전 중이었다. 밤샘 촬영으로 피로가 몰려왔고 도저히 잠을 이길 수 없었던 A는 잠깐 눈을 붙이기로 하고 근처 졸음쉼터로 들어갔다. 한 대형트럭 뒤에 차를 세운 A는 바로 깊은 잠에 빠져들었다. 한참을 자고 난 뒤 피로가 풀렸는지 저절로 눈이 떠진 A는 눈앞의 거대한 트럭을 보고 정신없이 비명을 질렀다. 너무 졸린 나머지 자신이 졸음쉼터로 들어온 사실조차 잊어버렸던 A는 자신이 운전 중 졸다가 트럭을 추돌한다고 생각했던 것이다. A가 살면서 그렇게 크게 놀랐던 적은 처음이었다.

놀람

불안하여 가슴이 자꾸 뜀
surprise, 겁먹다, 소스라치다, 식겁하다, 기겁하다, 질겁하다

생물학적 속성 및 기능

놀람은 신체 예산과 관련된 감정이다. 인간의 몸은 자신이 경험할 여러 가지 일을 예측하고 그에 대응하기 위해 신체 예산을 분배하고 운영한다(항상성의 원리). 그러나 예측하지 못한 사건이 발생하면 순간적으로 그 사건을 평가하여 적절히 반응하기 위해 분배해 두었던 예산 이상의 에너지를 동원해야 하는데, 놀람은 그러한 신체 작용에서 비롯되는 감정이다. 깜짝 놀라면 대개 동공이 확장되고 호흡이 가빠지며 심박수가 올라가는 등의 신체 반응이 나타나는데, 이는 교감신경계의 흥분으로 인한 작용들이다.

진화적으로 놀람은 예기치 못한 상황에 적절히 대응하여 생존 가능성을 높이는 기능을 한다. 투쟁-도주 반응을 유발하는 교감신경계의 흥분과 관련 있으며, 놀람 이후의 상황 평가에 따라 공포, 분노, 기쁨 등으로 세분화된다. 다시 말해, 놀람은 에크만이 분류한 기본 감정 6가지에 포함되지만 인지적 평가 이전의 생물학적 반응에 가깝다고 할 수 있다.

이런 측면 때문인지, 감정을 의인화한 디즈니 애니메이션 「인사이드 아웃」에는 기쁨이(기쁨 joy), 슬픔이(슬픔 sadness), 버럭이(분노 anger), 소심이(공포 fear), 까칠이(혐오 disgust)의 5가지 감정이 등장하지만 '놀람이(놀람 surprise)'는 나오지 않는다.

문화적 맥락으로 보는 놀람

놀람은 교감신경계의 흥분과 관련된 보편적 감정이지만, 놀람 다음에 이어지는 반응 또는 감정은 문화에 따라 차이가 있다. 한자문화권에는 놀랄 경(驚) 자가 들어간 표현이 많은데, 놀람 그 자체를 나타내는 '경악(驚愕)'이라는 말 외에도, 놀랄 만큼 이상하고 신기한 것을 볼 때 '경이(驚異)롭다'라고 한다든지, 놀랄 정도로 감탄하는 것을 '경탄(驚歎)'이라고 하는 것 등이 그렇다. 한국어 표현에도 '놀랄 정도로/놀랄 만큼 ~하다' 등의 표현이 감탄의 맥락에서 자주 사용된다.

♥ 이 감정, 어떻게 표현하고 이해할까

surprise는 예기치 못한 기쁜 일 때문에 생기나는 놀람을 뜻하기도 하지만, 한국어 '놀람, 놀라다'는 말은 주로 불안이나 공포와 관련된 표현으로 쓰인다. 놀랐을 때의 표현, '식겁/기겁/질겁하다' 등은 겁을 먹고 기가 질리는 것을 뜻한다. 놀람의 내수용감각은 교감신경계의 흥분을 묘사하지만 한국인들에게 놀람은 압도될 정도의 흥분(기함하다, 아연실색하다)에 가까운 듯하다.

보통 교감신경계의 흥분 이후 위급한 상황을 벗어나면 부교감신경계의 길항작용이 나타나지만 너무 심하게 놀라면 이러한 체내 항상성이 작동하지 않는다. 이런 경우, 사람들은 체하거나 피가 안 통하고 숨을 못 쉬기도 하는데 이 때문인지 한국에는 놀랐을 때 반드시 진정시켜 주어야 한다는 인식이 있다. 갑작스럽게 몸을 써서 근육이 놀랐을 때는 잘 풀어(이완) 주어야 하고, 아이들이 심하게 놀라서 하얗게 질렸을 때(혈액순환 문제)는 바늘로 따거나 해서 막힌 기혈을 통하게 해 주어야 한다는 식이다.

삶이 괴롭다고 느껴질 때

고통을 견디기 힘듦, 괴로움

대학에서 강의를 하는 A교수에게는 답이 보이지 않는 상황이 계속되고 있었다. 쥐꼬리만 한 월급에 계약 기간 만료는 다가오고, 이직 가능성은 점점 희박해지고 있었기 때문이다. 자녀들이 커 갈수록 앞으로 돈 들어갈 데도 많을 텐데 당장의 뾰족한 수는 보이지 않고, 나름 큰맘 먹고 시도했던 일들도 눈에 띄는 성과를 얻지 못했다. A교수에게는 하루하루가 괴로운 날들이었다. 늦은 밤에도 잠이 오질 않고, 밥을 먹어도 무슨 맛인지 알 수 없었다. 숨 쉴 때마다 머리를 찌르는 듯한 고통에 A교수는 매일이 괴로웠다.

괴로움

몸이나 마음이 고통을 받아 견뎌 내기 힘든 상태
suffering, 고통스러움, 고뇌(번뇌)

괴로움은 자신이 경험하는 사건이 너무나 고통스럽고 견디기 힘들다는 신체감각으로, 흔히 '괴롭다, 고통스럽다, 견디기 힘들다'라는 말로 표현된다. 괴로움의 원인은 다양하다. 어떤 이는 불안 때문에, 어떤 이는 사랑 때문에 괴로울 수 있다. 걱정 근심이 지나치거나 맡은 일의 부담감이 너무 클 때에도 괴로움을 경험하는데, 사람들은 흔히 '스트레스를 받는다'고 말한다.

생물학적 속성 및 기능

괴로움은 특정 사건으로 인해 생겨나는 단일 감정이라기보다는 개인이 받아들이는 그 사건의 의미(인지)와 이후 취해야 할 행동에 대한 고민, 이러한 상태가 바로 해결되지 않고 지속될 것이라는 예측에서 비롯되는 종합적인 상태이다. 항상성 유지를 위한 신체 예산이 완전히 깨져 몸과 마음에 무리가 가다 못해 실제적인 고통이 느껴지는 것이다. 호흡이나 혈액순환의 곤란, 소화불량, 호르몬과 신경전달물질의 불균형 등이 신체의 고통을 유발한다.

괴로움은 그 상태를 벗어나고자 하는 동기를 제공한다. 괴로움이 느껴지면 우리 몸은 빨리 고통에서 벗어나 항상성을 회복하고 신체 예산을 확보하려고 한다. 그러지 않으면 괴로움이 지속되고 결국 신체 조절 능력에 문제가 생겨 실제 질병으로 이어질 수 있다. 스트레스는 코르티솔의 분비를 촉진한다. 부신피질에서 분비되는 호르몬인 코르티솔은 혈당을 높이고 에너지를 생산하여 투쟁-도주 반응을 돕지만, 스트레스가 지속되면 이 과정에서 면역체계가 무너져 각종 질병의 원인이 되기도 한다.

한편 누군가 괴로움을 드러내는 것은 지금 경험하는 일이 매우 고통스러우며 견디기 힘들다는 신호이다. 타인의 괴로움을 목격하면 사람들은 그에게 실질적인 도움을 주거나 위로 등의 지지를 보낼 것이다. 유교에서는 타인의 고통이 사람들의 선한 본성(仁)을 자극하여 측은지심을 발동시킨다고 본다. 타인의 고통에 공감하고 측은함(불쌍함)을 느끼는 것은 진화 과정에서 획득된 인간의 사회적 본성이다.

'피로, 소진'으로 이어지는 괴로움

괴로움은 몸과 마음의 과부하를 유발하고 이는 피로감으로 이어진다. 오랫동안 심리적 고통에 시달린 사람은 신체 예산이 고갈되어 피로감을 느끼거나 소진될 수 있다. 심리적 괴로움이 지속되면 '피곤하다, 지친다'는 생각이 잦아지며 힘과 의욕이 사라져 아무것도 하기 싫은 상태(소진)가 될 수도 있다. 몸과 마음의 에너지가 소진된 상태를 '번아웃(burnout)'이라고 하며 '무욕, 무망' 등은 우울장애의 한 증상이다.

문화적 맥락으로 보는 괴로움

지속적인 심리적 부담을 고통으로 지각하는 것은 문화 보편적인 현상이다. 문화에 따라 특정한 고통을 지칭하는 개념이 존재하기도 한다. 체코어 '리토스트(litost)'는 '자신의 불행과 복수심이 결합되어 느껴지는 고통'이라는 뜻의 감정 단어이다. 불교에서는 고통을 삶의 본질로 여기며 고통의 근본적인 원인이 인간의 욕망에 있다고 본다. 무언가를 바라고 거기에 집착하는 것 자체가 고통을 불러일으킨다는 것이다. 따라서 불교에서는 이러한 욕망과 집착을 만들어 내는 마음에 대한 이해와 수양을 강조해 왔다.

한편 심리적 고통은 신체적 고통으로 발전하기도 한다. 심리적 고통이 신체적 고통으로 확장되는 경로는 크게 두 가지이다. 첫째는 코르티솔 분비가 늘어나면서 면역체계의 기능이 떨어져 질병에 걸리는 경우이고 둘째는 심리적 고통이 신체적 고통으로 경험되는 신체증상장애의 경우이다. 특히 자신의 심리적 고통에 대한 이해가 낮거나 심리적 문제를 드러내는 것이 바람직하지 않다고 여겨지는 문화에서는 심리적 고통이 신체 증상으로 나타나는 경향이 있다. 한국의 화병과 무병은 대표적인 신체증상장애이다.

♥ 이 감정, 어떻게 표현하고 이해할까

괴로움은 주로 고통을 느끼는 표정 및 자세로 드러난다. 말수가 줄어든다거나 혼자 있고 싶어 하고 고통에 찬, 또는 고통을 참는 신음 소리로 나타나기도 한다. 괴로움을 잊기 위한 음주나 중독 행위로 연결되는 경우도 있다.
보통 자신도 괴로움의 원인을 잘 모르거나 드러내어 말할 수 없는 경우가 많고, 신체증상장애로 이행되는 경우는 주로 신체 증상으로 경험되기 때문에 괴로움의 심리적 원인을 면밀히 파악하는 것이 중요하다.

왜 좀이 쑤시면
뭐라도 해야 할 것 같을까

변화가 없어 자극과 각성이 필요한 지경, 따분함

전역을 2주 정도 남긴 A병장은 좀이 쑤셔 죽을 지경이었다. 훈련이며 근무에서도 열외된 지 오래되었고, 말년휴가도 일찌감치 다녀온지라 제대를 기다리는 것 말고는 딱히 할 일도 없었다. 소대원들이 훈련을 나간 다음에는 빈 내무반에서 책을 읽거나 낮잠을 잤지만, 그것도 한나절이었다. 편지를 쓰자니 전역이 코앞이고 취미라 할 만한 운동도 없었으며 그렇다고 뭘 만들자니 시간이 애매했다. A병장의 따분함이 극에 달할 무렵 드디어 전역일이 다가왔다.

따분함

싱겁고 재미가 없어 지루하고 답답함
boring, 지루함, 심심함, 무료함

생물학적 속성 및 기능

따분함은 일정 기간 동안 별다른 일이 없어서 평온(평안)하다 못해 자극과 각성이 필요한 지경에서 느껴지는 감정이다. 신체의 항상성은 균형을 추구한다. 긴장과 흥분이 없는 상태가 지나치게 오래 지속되면 자연스레 어느 정도의 자극을 추구하게 된다는 것이 헵의 각성 이론이다. 각성 이론은 인간이 적정한 수준의 흥분 상태를 유지하려 한다는 이론으로, 각성 수준이 너무 낮으면 지루함을 느껴 자극을 추구하고, 각성 수준이 너무 높으면 긴장 상태가 되어 수행 수준이 떨어지는 현상을 말한다.

이완과 안정을 유발하는 신경계는 부교감신경계인데, 부교감신경계의 작용이 너무 오래 지속되면 호흡 등 순환이 막힌 것 같은 답답한 느낌과 함께 대근육을 사용하여 크게 움직이고 싶은 일종의 초조함을 초래한다. 이때의 초조함은 공포나 불안에서 오는 것이 아니라, 교감신경계의 흥분을 준비하는 신체적 기대 감각이라 할 수 있다.

따분함은 지나치게 오래 작동하는 부교감신경계를 쉬게 하고 신체의 긴장을 불러일으켜 궁극적으로 항상성을 유지하는 기능을 한다. 오랫동안 몸에 긴장과 흥분이 없으면 심혈관계의 기능 및 근골격계 기능, 소화 및 순환 기능 등이 총체적으로 정체되어 각종 질병의 원인이 될 수 있으며 심리적으로도 악영향을 미친다. 사람들은 따분함을 느끼면 일어나 움직이면서 무엇이든 하려 하고, 이는 교감신경계의 흥분으로 이어져 신체 항상성을 회복시킨다. 오랫동안 정체되었던 몸과 마음이 적절하게 긴장하고 흥분하면 그 활동에서 설렘과 흥미, 재미를 느낀다.

따분함과 지루함의 끝판왕은 '지겨움'

따분함이 아무 일도 일어나지 않는 데서 오는 무료하고 심심한 감정이라면, 지루함은 따분함의 뜻으로 쓰일 때도 있으나 보통 하던 일이나 진행 중인 상황과 관련된다. 가령 하던 일에서 더 이상 흥미를 느끼지 못하게 됐을 때는 '따분하다'보다는 '지루하다'고 표현한다(또는 '싫증 나다').

한편, '지겨움'은 같은 상태가 오래 지속되어 '진저리가 날' 정도로 지루함과 싫증이 극에 달하는 느낌이다. '진저리 나다'는 오줌을 누거나 차가운 것이 살에 닿을 때 몸이 저절로 떨리는 현상이다. 체온이 갑자기 내려가면 우리 몸이 체온을 올리기 위해 반사적으로 운동량을 끌어올리는 것인데, 정체가 너무 오래 지속되면 반사적으로 움직임을 만들어서라도 정체에서 벗어나려는 반응이니 따분함과 지루함의 최상급이라 할 수 있다. 한편 지겨움은 정체로 인한 지루함 외에도 변화 없이 같은 일을 반복하는 것에 대한 감정 표현이기도 하다(신물 나다: 내수용감각). 다음 문장들을 보면 따분함, 지루함, 지겨움의 차이를 쉽게 알 수 있을 것이다.

'아무것도 안 하고 집에만 있으려니 너무 따분하다.'
'매일 같이 반복되는 일상이 너무 지루하다.'

'똑같은 소리 계속하는 것도 이제는 지겹다.'

문화적 맥락으로 보는 따분함

따분함은 오랫동안 체내 에너지가 정체되어 항상성을 회복하려는 내수용감각에서 비롯된 감정으로 어떤 문화에서든 보편적인 감정이다. 하지만 심심함, 지루함, 지겨움, 무료함, 싫증, 질림/물림 등 따분함과 관련된 맥락과 표현들이 다양한 것으로 볼 때, 한국인들이 따분함에 민감하며 이러한 상태에서 벗어나려는 동기 역시 강하다는 것을 짐작할 수 있다.

문화심리학적 견해로 보면, 한국인들은 흥분 수준이 높은 고각성 정서를 추구하려는 경향이 있는데, 뒤집어 보면 이는 한국인들이 흥분 수준 낮은 저각성 상태를 부정적으로 인식하고 잘 견디지 못한다는 의미이기도 하다.

♥ **이 감정, 어떻게 표현하고 이해할까**

언어적으로는 '심심해, 지루해, 지겨워, 싫증 나' 등으로 표현하지만, 따분함과 지루함은 표정과 자세로 많이 드러난다. 활동성이 낮은 축 처진 자세와 생기 없는 표정 등 극도로 이완되어 있는 모습으로 나타난다. 큰 소리를 내며 하품을 한다든지 기지개를 켜서 일시적으로 운동량을 이끌어 내려 하기도 한다.

불안한 한국인의 마음 건강에 중요한 것

공포나 불안이 사라진 직후의 감정, 안도감

A는 네 살배기 아이를 데리고 쇼핑몰로 외출을 했다. 신이 나서 팔랑팔랑 뛰어다니는 아이를 몇 발짝 뒤에서 따라가던 A가 잠깐 물건을 보는 사이 아이가 사라졌다. A는 하얗게 질린 얼굴로 사방을 둘러보았지만 아이의 모습은 보이지 않았다. 눈앞이 캄캄해진 A는 금방이라도 울 듯한 표정으로 아이의 이름을 부르며 여기저기 뛰어다녔다. 다행히 오래지 않아 한 상점 유리문 앞에서 상점 안을 들여다보고 있는 아이를 발견했다. A는 안도의 한숨을 내쉬며 아이를 끌어안았고 하얗게 질렸던 얼굴빛도 이내 생기를 찾았다.

안도감

불안한 마음이 가시고 걱정이 없이 편안한 느낌
feeling of relief, 안도, 안심, 다행

안도감은 공포나 불안 등이 사라진 다음의 감정을 뜻한다. 무서운 영화가 끝나거나 오랫동안 준비하던 시험을 보고 나면 긴장이 풀려 마음이 놓일 때 느끼는 감정이다.

생물학적 속성 및 기능

직접적 위험에 대한 반응인 '공포', 잠재적 위험에 대한 반응인 '불안', 불안으로 인한 '근심'과 '걱정'은 교감신경계의 흥분을 유발한다. 투쟁-도주를 위해 몸을 긴장시키는 교감신경계는 호흡, 혈액순환, 소화 등에서 불편한 내수용감각을 일으키는데, 공포와 불안이 사라지거나 근심과 걱정을 끼치던 문제가 해결되면 자율신경계의 길항작용으로 부교감신경계가 활성화된다. 부교감신경계가 활성화되면 호흡과 맥박 안정, 소화 기능 촉진 등 신체가 이완되고 편안한 감정을 불러일으킨다. 특히 갑자기 놀랐다가 긴장이 풀리면 이러한 내수용감각이 극대화되면서 '한숨 돌렸다', '막혔던 기가 뚫렸다' 등으로 표현된다. 근심 걱정이 클수록 가슴을 무겁게 누르는 압박감으로 지각되는데 압박감에서 벗어날 때의 감정은 '해방감', 또는 내수용감각인 '후련함'으로 표현된다.

안도감은 부교감신경계의 활성화로 우리 몸의 항상성을 회복하도록 해 준다. 공포, 불안, 놀람 등으로 활성화된 교감신경계는 우리를 위험에 대응할 수 있게 해 주지만 이러한 상태가 지속되면 몸에 무리가 가고 결국 항상성이 깨져 버릴 수 있다. 지속되는 공포와 불안은 불안장애로 진단될 수 있고 만성적인 불안은 우울뿐 아니라 인지적 문제까지 일으킬 수 있기 때문에 공포와 불안이 지속되지 않도록 하는 것이 좋다.

안도감을 표현하는 '다행감'

안도감의 표현 중 하나인 '다행이다'는 '더 안 좋은 일이 있을 수도 있었지만 이만하길 다행이다'라는 뜻이다. 이는 대조효과의 하나로 사후 가정 사고(counterfactual thinking), 특히 하향적 사후 가정 사고의 결과이다. 지금보다 더 좋은 결과를 가정하면(상향적 사후 가정 사고) 부정적 감정이 들고, 지금보다 더 나쁜 결과를 가정하면(하향적 사후 가정 사고) 긍정적 감정이 드는데, 다행감은 후자의 사고 과정에서 비롯되는 감정이다.

안도감과는 다른 '평온/평안/안온함', '편안감'

안도감이 일정 기간의 불안이나 공포 후에 긴장이 해소되는 감정이라면, 평온/평안/안온함은 일정 기간 동안 근심 걱정 없이 평화가 지속되는 감정 상태이다. 고뇌와 번뇌가 아예 없거나, 있어도 마음을 다스릴 수 있는 사람들이 이러한 감정을 느낀다. 신체에서는 부교감신경계가 작용하여 안정적이고 만족스러운 느낌이 이어진다. 평온/평안/안온함은 활달하고 짜릿하며 에너지 넘치는 기분은 아니지만 차분하게 가라앉는 긍정적인 감정 상태이다. 편안감(便安感)은 그러한 상태에서 느껴지는 내수용감각을 뜻한다.

문화적 맥락으로 보는 안도감

안도감은 공포, 불안, 놀람 등이 해결된 이후의 감정으로, 교감신경계가 잦아들고 부교감신경계가 활성화되었을 때의 느낌과 관련 있다. 공포, 불안, 놀람이 기본 감정이니 안도감 또한 기본 감정의 하나로 볼 수 있다. 기본적으로 보편적인 심리 과정이라 할 수 있는데, 한국 문화에서는 안도, 안심, 다행을 비롯하여 다양한 내수용감각 표현까지 안도감과 관련한 표현이 많은 편이다. '마음'이 들어간 일반적인 표현으로 '마음을 놓다'는 표현을 많이 쓰는데, 이는 우선 과거 신분제 사회에서 예의범절이나 관계 유지 등 쉽게 마음을 놓지 못할 일이 많았던 문화가 반영된 것으로 볼 수 있다.

한편으로는 불안에 민감하고 근심과 걱정이 많은 한국인 심리 특성 때문이기도 하다. 한국인들은 높은 자기 가치감을 바탕으로 높은 내적 기준들을 가지고 있는데 그러한 이상들을 성취하기 위해서는 예상되는 위험을 회피하고 미리 불안을 제거해야 한다. 일어나지 않은 일에 대한 이러한 사고 과정이 근심 걱정이라면 결국 근심 걱정이 끊일 날이 없는 것이다.

♥ **이 감정, 어떻게 표현하고 이해할까**

안도감은 주로 내수용감각으로 표현된다. 근심 걱정이 사라지면 호흡 및 혈액순환이 원활해지고 소화가 잘되어 입맛이 살아나며 안색이 밝아진다. 답답하거나 거북한 곳이 없고 전반적으로 편안한 몸 상태가 된다. 평온/평안/편안/안온감은 이러한 상태가 지속되는 감정이다. 평온/평안/편안/안온감을 느끼는 사람은 표정이 온화하고 몸가짐이 차분하다.

내가 바라는 것들은
여러 감정을 불러온다

행동을 불러일으키는 바람

어떤 특수부대는 일주일 동안 식량 보급 없이 산에서 버티는 생존 훈련을 한다. 이 훈련은 영국 특수부대 SAS에서 고안된 것으로 이후 여러 나라 특수부대의 훈련 코스에 포함되었다고 한다. 훈련에 참가하는 군인들은 바위틈에서 솟아나는 물을 마시거나 들쥐, 뱀, 산새 등의 동물들을 잡아먹는데, 이들이 가장 견디기 힘든 것은 코앞에서 고기를 구워 먹는 조교들을 보는 것이라고 한다. 맛있게 익어 가는 고기를 바라보는 훈련병들의 눈은 원망과 동시에 기대로 가득 찬다.

바람

마음속으로 기대함
wish, 욕망, 기대

바람은 심리학적으로 감정이라기보다는 동기나 욕구에 해당한다. 그러나 바람(기대)은 어떤 감정을 만들어 내는 기준으로 작용하여 많은 감정을 파생시킬 수 있다. 예를 들어, 기대가 충족되면 만족감, 기대가 충족되지 않으면 아쉬움, 실망감 등을 느낄 수 있으며, 좋은 결과를 기대할 때는 설렘과 기쁨을, 나쁜 결과가 예상될 때는 불안과 절망을 느끼게 된다.

생물학적 속성 및 기능

바람의 생물학적 반응은 욕구 충족과 관련된다. 목마를 때 느끼는 갈증, 졸릴 때 느끼는 수면욕, 추울 때 느끼는 따뜻함에 대한 욕구와 유사한 감정이다. 무언가로 향하는 자세(~바라기)로 나타나기도 한다. 초조하고 애타는 느낌과 비슷하지만 바라는 대상에 따라 약간씩 다를 수 있다. 욕구가 충족되면 바람은 사라지는데 이러한 관점에서 바람은 추동감소이론의 '추동(drive)'과 비슷한 개념이라 할 수 있다.

인간은 생물이기에 살아가기 위해서 항상 무언가를 원하고 바랄 수밖에 없다. 즉 욕구/욕망은 인간을 살아가게 만들며 욕구가 없는 사람은 살아 있다고 하기 어렵다. 사회를 이루고 문명을 만들면서 권력과 부, 명성, 지위, 인정, 존경 등 인간의 욕구는 무궁

무진해졌으며, 여전히 욕구는 인간의 행동을 만들어 내는 가장 본질적인 힘이 된다. 한편 아무런 욕구와 희망, 기대가 없는 상태를 '무망(無望)'이라 하는데 이는 주요우울장애 증상 중 하나이다.

바람(기대)을 표현하는 것은 일차적으로 타인의 도움을 불러들여 생존 가능성을 높인다. 간절히 물을 찾는 사람을 외면할 이는 없을 것이다. 또한 다른 사람에 대한 기대와 바람이 그 사람을 내 뜻대로 움직이게 만들 수도 있다. 인간의 기본적인 애정욕구와 인정욕구는 자신의 바람과 관계없이 다른 이들이 바람을 충족하는 행동을 하게 만들기도 한다. 이러한 기대와 기대 좌절의 맥락에서 만족과 불만족 차원의 수많은 감정들이 파생된다.

'욕구와 욕망', '기대', '희망'으로 나뉘는 바람

바람은 그 종류와 크기에 따라 욕구와 욕망, 기대, 희망 등으로 세분화된다. 욕구(need)는 생존을 위한 것, 욕망(desire)은 무언가를 얻으려는 강한 바람, 기대(expect)는 원하는 결과에 대한 기다림, 희망(hope)은 좋은 결과에 대한 기대, 소망(wish)은 어떠한 결과를 바라고 원하는 것, 야망(ambition)은 큰일을 이루고자 하는 바람에 가깝다.

문화적 맥락으로 보는 바람

인간의 기본적 욕구와 그것을 충족하는 방식은 문화의 전체적인 틀을 형성한다. 모든 인간은 생존을 위해 먹고, 입고, 자고, 2세를 생산하는 욕구를 가지지만, 각자가 처한 환경과 역사에 따라 욕구의 중요도나 그것을 충족하는 방식이 달라진다. 위에서 살펴본 것처럼, 영어권에는 need, desire, expect, hope, wish 등의 개념들이 있고, 포르투갈에는 영적인 갈망을 뜻하는 '사우다드(saudade)'라는 단어가 있다.

바람은 동양에서 인간의 기본적인 7가지 감정(칠정 七情) 중 하나로 꼽힌다. 현실에서의 강한 욕망 '현세주의'는 한국 문화의 중요한 속성이다. 자기 가치감이 높은 한국인들의 자기 인식에서 비롯되었을 것으로 추정되는데, 높은 자기 가치감으로 인한 높은 기대 수준은 한국인들 행동의 많은 부분을 설명한다. 어떠한 바람이 오래도록 충족되지 않으면 한국인들은 이를 한(恨)으로 형상화시키곤 하는 현상이 바로 그 예이다.

♥ 이 감정, 어떻게 표현하고 이해할까

바람과 기대는 욕구 지연에서 비롯되는 감정이다. 강렬한 욕구가 지연될수록 초조하고 조급한 감정이 표현된다. 충족되지 못한 욕구에 온통 주의가 집중되어 다른 것들에 무심하거나 산만한 모습을 보이기도 한다. 현실적이지 않거나 정신적인 무언가를 바라는 이들은 차분하고 경건하게 자신의 행동을 조절한다.

주로 '~하고 싶다', '~하면 좋겠다', '원한다', '바란다' 등의 표현을 사용하는데, 이를 직접적으로 말하는 경우도 많다. 간절(懇切), 절실(切實) 등의 말을 덧붙여 바람의 강도를 나타내기도 하고, 간절함이나, 절실함 자체를 바람의 의미로 쓰기도 한다. 다른 이에 대한 바람의 표현이 약하면 '부탁', 부탁이 강해지면 '요구', 이것이 더 강해지면 '소원, 명령'이 된다.

무아의 경지에서
자유와 평안을 만날 때

내가 나임을 잊을 만큼 무한한 즐거움, 황홀감

대학에서 오케스트라부 활동을 하는 A가 연주회를 앞두고 한창 연습하던 어느 날이었다. 밖에 비가 쏟아져서 그런지 유난히 악기 소리가 연습실 안을 가득 채운다는 느낌이 들었다. A는 더욱 연주에 몰입했고 어느 순간 여러 악기 소리가 절묘한 화음을 이루기 시작했다. 그러다 어느 순간 붕 뜨는 기분이 들고 눈물이 날 것만 같았다. 자신과 악기가 하나 되어 다른 악기들과 서로 이야기를 주고받는 듯했다. 시간이 어떻게 흘렀는지 모르게 황홀한 순간이었다.

황홀감

놀랍거나 감격스럽거나 하여 정신이 어지러울 정도로 달뜨는 마음
恍惚感, ecstasy, 무아지경(無我之境), 몰아경(沒我境), 극치감

황홀감(ecstasy)은 여러 이유로 도달하게 되는 긍정적 감정의 극치를 뜻한다. 사람들은 특정 활동을 하다가 자연 속에서, 사람들과의 관계에서, 또는 명상이나 종교적 체험 중에 황홀감을 느낀다.

생물학적 속성 및 기능

황홀감은 지극한 기쁨과 즐거움이지만 무아의 상태를 수반하므로 구체적인 감정으로 경험되지는 않는다. 무아(無我) 또는 몰아(沒我)의 경지란 자신의 몸에서 느껴지는 반응이나 무슨 일을 하고 있다는 자각이 사라지고, 심지어 자기 존재마저 잊게 되는 순간이다. 황홀감을 경험하는 이유에 따라 신체의 생물학적 반응이 달라질 수 있지만, 그것을 경험하는 사람은 스스로의 상태를 지각하지 못한다. 특히 특정 활동에 몰입하면서 경험하는 무아의 경지는 긍정심리학에서 '몰입(flow)'이라는 주제로 연구되고 있다.

황홀감은 보상계의 작용이 극대화된 경험이다. 어떠한 행위나 활동에서 극치감을 맛본 이들은 또다시 그 보상을 얻기 위해 동기화된다. 이는 본질적으로 기쁨과 같은 기능을 하지만, 심리학자 매슬로우는 이를 자아실현(self-actualization)과 연결 짓는다. 매슬로우는 자아실현을 한 이들의 특징으로 절정경험(peak experience)을 꼽는다. 절정경험이란 깊은 몰입과 기쁨, 신비하고 강렬한 황홀함, 놀

라움, 경외감을 느낄 수 있는 경험으로 황홀감을 뜻한다.

절정경험을 하는 사람들은 한없이 자유롭고 평안하며, 몰입하는 대상이나 활동과 일체가 되어 스스로의 존재와 시간의 흐름마저 잊는 무아의 경지에 이른다. 이러한 경험은 다른 관점에서 자기 자신을 돌아볼 수 있게 하며, 일체감을 느꼈던 대상에 따라 자연, 특정인과의 관계, 공동체, 신의 섭리 등을 성찰할 수 있는 계기가 된다. 따라서 사람들은 절정경험을 통해 자신의 존재 의미와 삶의 목표를 명확하게 하며 자아실현을 이룰 수 있는 것이다.

황홀감은 매우 강렬한 긍정적 경험이기 때문에 자칫 이를 다시 경험하려는 시도가 부작용을 낳을 수 있다. 보상계를 자극하는 모든 종류의 활동 및 약물이 황홀감의 상태와 유사한 상태로 만들어 중독에 이르게 할 수 있다.

문화적 맥락으로 보는 황홀감

많은 문화에는 종교적 제의나 축제 등 예로부터 황홀감에 도달하기 위한 방법들이 존재하며, 현대사회에도 예술과 스포츠, 대중문화 등이 이러한 역할을 하고 있다. 특히 한국 문화에서는 황홀감 또는 절정경험과 유사한 경험을 '신명'이라 불러 왔으며, 신명에 도달하기 위한 다양한 문화를 발달시켜 왔다.

♥ **이 감정, 어떻게 표현하고 이해할까**

황홀감에 빠져 있는 이는 어떠한 활동에 침식을 잊은 채로 몰입하거나 오랫동안 뭔가를 하면서도 지치지 않고 오히려 에너지 넘치는 모습을 보이며, 상황에 따라서는 기쁨과 희열, 감동을 표현하고 눈물을 흘리기도 한다. 이런 사람은 다른 이의 시선을 신경 쓰지 않는다.

3
Chapter

The Emotions of Koreans

사회관계 속에서 발생하는 사회적 감정

사회적 감정은 타인의 존재나 관계 등 사회적 맥락에서 경험되는 감정이다. 앞서 살펴본 기본 감정들은 사회적 맥락에 따라 다시 수많은 감정들로 분화된다. 예를 들면, 기쁨은 나에게 호의를 베푼 상대방에 대한 감정을 포함하며, 반가움은 오랫동안 그리워하던 대상을 만난 기쁨이다. 문화는 이러한 감정의 강도와 질에 영향을 미친다. 이번 장에서는 감동, 고마움, 괘씸함, 반가움, 불쌍함, 외로움 등 총 20개의 사회적 감정에 대해 알아본다.

모든 사회에서
반드시 표현해야 하는 감정

상대의 호의에 대한 기쁨과 감동, 고마움

A는 갓 6개월이 된 아이를 데리고 부부가 함께 유학을 떠났다. 공항에 도착하는 순간부터 계속해서 예기치 못한 일들이 발생하는 바람에 A는 거의 울음이 터지기 직전이었다. 이들을 마중하러 나온 옆 도시의 B가 없었다면 A 가족의 정착은 불가능했을 것이다. B는 A의 친구의 친구로 A와는 이날 처음 만난 사이였지만 집 계약부터 식료품 쇼핑까지 밤늦도록 A에게 많은 도움을 주었다. A가 살면서 누군가에게 이렇게 고마움을 느낀 것은 처음이었다.

고마움

도움이 되어 마음이 흐뭇하고 즐거우며 감동적임
thank, 감사

고마움은 자신에게 일어난 좋은 일이 다른 사람 덕분이라고 느낄 때 생기는 감정이다. 긍정적 결과로 인한 기쁨과 타인의 도움과 호의에 대한 감동이 결합된 감정이라 할 수 있다. 보상계의 작용이 이루어지기 때문에 기쁨 반응이 일어나지만 타인의 존재가 개입된 상황이기에 자신에게 도움을 준 대상에게 주의가 집중된다.

생물학적 속성 및 기능

고마움은 기쁨의 일종이기에 기본적으로 기쁠 때의 내수용감각과 같은 작용이 일어난다. 고마움에는 타인의 호의에 대한 감동이 함께 따라오기 때문에 누군가의 도움 또는 호의에 가슴이 뭉클해지거나 눈물이 나는 등의 감동 반응으로 나타나는 경향이 있다.

고마움은 타인의 도움과 호의에 대한 감정이지만 매우 사회적인 기능을 갖는다. 즉 타인의 도움이나 호의에는 반드시 고마움을 표현(감사)해야 한다. 대부분의 사회에서는 자신을 도와준 상대에게 고마움을 표현하지 않으면 결례로 여긴다. '고맙다, 감사하다'는 말과 함께 나를 위해 시간과 노력, 물질을 제공한 것에 대한 미안함과 안쓰러움 등을 전하고, 나중에 상황이 나아지면 어느 정도는 상대의 도움에 신세를 갚는 식으로 상응할 필요가 있다.

물론 사람들이 감사와 보답을 기대하고 누군가를 돕는 것은 아니다. 인간은 오랜 사회적 진화를 통해 어려움에 처한 타인을 돕는 것이 공동체, 나아가서 자신의 생존에 도움이 된다는 사실을 체득하게 되었다. 그러나 감사와 보답은 이러한 이타적 행위를 증대시키기 위한 일종의 강화(reinforcement)가 된다. 도움 행동을 할 때마다 기분이 좋아지고 때로는 물질적 보상에 사회적 인정까지 받을 수 있다면, 이타적 행위를 하는 사람이 많아지고 그 사회는 더욱 안정적으로 작동할 것이다.

문화적 맥락으로 보는 고마움

타인의 이타적 행동에 대한 고마움의 표현은 호혜성의 바탕이 된다. 상대의 도움과 호의에는 보답이 뒤따르며 이러한 호혜성을 바탕으로 인간의 문명이 꽃필 수 있었다. 따라서 고마움은 보편적인 감정이지만 고마움을 지각하는 맥락이나 표현 방식은 문화에 따라 다르다. 개인 간의 관계가 비교적 수평적인 문화에서는 고마움의 표현도 상호적으로 나타나지만, 개인 간의 관계가 사회적 지위와 역할로 구분되는 경향이 강할 경우 고마움의 표현은 상대와 상황에 따라 달라진다. 예를 들어, 일본에는 자신보다 낮은 사회적 지위를 가진 사람에게 도움을 받는 것을 수치로 여기는 문화가 있으며, 한국도 나이가 많거나 지위가 높은 사람이 아랫사람에게 무엇인가를 물어보거나 도움을 받는 것을 꺼리는 분위기가 있다.

또한 종교의 영향도 있다. 고마움은 일반적으로 사람 대 사람으로 경험하는 감정이지만 종교적으로 신(神)에 대해 느끼고 표현하는 고마움도 있다. 신이 세상을 창조하고 인간은 신의 뜻대로 살아간다는 믿음을 가진 종교적 바탕에서 인간은 주어지는 모든 것들에 대해 신께 감사를 표해야 한다. 따라서 그러한 종교적 영향을 강하게 받고 살아온 사람들은 감사 경험에 익숙하며 이는 그들의 다른 경험(예를 들어 '행복')에도 영향을 미친다. 서구문화에서 발달한 긍정심리학이 '감사(gratitude)'라는 주제를 가진 것도 그러한 영향 때문이다. 반면에 모든 일은 세상 만물이 그럴 법한 이유로 엮여 있기 때문이라는 철학을 가진 문화권에서는 자신에게 일어난 좋은 일들에 대해 누군가에게 감사할 필요를 덜 느낄 것이다.

♥ 이 감정, 어떻게 표현하고 이해할까

상대의 도움과 호의에는 고마움을 표현(감사)하는 것이 바람직하다. 그러나 모든 사람이 매번 말로 감사를 표현하지는 않는다. 때로는 눈빛이나 마주 잡는 손, 어쩔 줄 모르는 행동과 감탄사(아유, 이걸 어쩌나 등)로도 고마움을 표현한다. 또한 기대 수준에 따라 고마움의 정도와 표현이 달라진다. 작은 고마움은 목례나 인사말 정도로, 큰 고마움은 예의를 갖추고 사례를 하는 등의 행위로 나타날 수 있다. 도움이나 호의를 받았을 당시에는 별다른 말이 없다가도 나중에 선물이나 초대 등으로 고마움을 표현하는 사람도 있다.

보고 싶어도
볼 수 없는 마음이 사무칠 때

볼 수 없고 만날 수 없는 대상을 떠올리는 슬픔, 그리움

A는 배우 주성치가 주연으로 나온 영화 「서유기: 선리기연」을 매우 좋아한다. 30년 전 영화라 지금 보면 화질도 좋지 않고 특수효과도 조악하지만 이 영화에는 특유의 매력이 있기 때문이다. 영화에서 500년 후의 자신과 맺어진 자하선자를 뒤로 하고 떠나는 손오공과 그 뒷모습을 바라보는 자하의 표정을 볼 때마다 A의 마음속에 매번 알 수 없는 그리움이 일어난다. 기억에서도 희미해진 옛 인연에 대한 그리움일까, 이제는 돌아갈 수 없는 30년 전 젊은 시절에 대한 그리움인 걸까.

그리움

만나고 싶거나 보고 싶은 마음이 애틋하고 간절함
miss, 사모/연모/흠모

그리움은 좋아함(好)과 사랑(愛)으로 분류할 수 있는 감정이다. '그립다'는 '그리다'와 관련 있는데, 너무 보고 싶어서 눈앞에 '그려진다'는 뜻이다. 감정을 시각화한 공감각적 표현인 것이다. 따라서 그리움의 대상은 사람뿐 아니라 '고향을 그리워하다', '어머니가 차려 주시던 밥상이 그립다'와 같이 시각화될 수 있는 많은 것들로 확장된다.

생물학적 속성 및 기능

그리움의 내수용감각은 '애틋함'이다. '애틋하다'는 애(창자)가 탈 만큼 깊고 절실하다는 뜻이다. 한국인들은 절실한 감정의 깊이를 내장(애)으로 표현하는 습관이 있다. 애가 탄다는 느낌은 극심한 고통(괴로움)에 가까운데 이는 그리움의 감정이 그만큼 고통스럽다는 뜻이다. 인간을 비롯한 포유류는 애착 관계에 있는 대상과 분리되면 실제로 고통을 느낀다. 생물학적 연구들에 따르면 이러한 고통은 엔도르핀의 급격한 감소에서 비롯된다.

그리움은 보고 싶은 대상을 못 본다는 슬픔과 고통의 감정이다. 통제감의 상실에서 슬픔을, 대상과의 분리에서 고통을 느낀다. 그리움의 고통(애틋함)은 그리운 대상을 만나서 고통을 없애려는 동기로 작용한다. 사람에 대한 그리움은 사회적 교류와 지지 욕구를 충족시켜 주는데, 사람이 아닌 것에 대한 그리움도 그것을 찾아 떠나거나 찾기 위한 준비를 하는 등 삶의 목표와 의지를 준다.

그리움은 시각화와 관련 있는 경험으로, 어떤 대상을 그린다는 것은 그와 관련된 기억을 떠올린다는 뜻이다. 그리움은 어떤 대상을 떠올림으로써 희미해지는 기억을 되새기고 그 대상을 실제로 보거나 만질 수 없어 슬픈 마음을 위로해 준다.

문화적 맥락으로 보는 그리움

그리움은 한국의 문화적 감정이다. 영어에도 miss라는 표현이 있지만 한국 문화에서 그리움은 한국인의 마음과 관련한 수많은 맥락에서 특별한 의미를 갖는다. 그리움은 좋아함이나 사랑처럼 대상에 대한 태도에서 비롯된 감정이지만, 한국 문화에서 그리움은 특히 '보고 싶다', '현실화하고 싶다'는 욕구로 이어져 일련의 행동을 불러일으키는 동기가 된다. 사랑하는 사람에 대한 그리움(연모: 戀慕)은 그 사랑을 이룰 동기가 되고, 존경하는 이에 대한 흠모(欽慕)는 그를 본받고자 하는 마음으로 이어질 것이다.

보고 싶은 대상을 볼 수 없는 상황이 계속되면 그리움이 깊어지며, 이윽고 한(恨)이 된다. 한(恨) 중에서도 사람 사이의 정(情)에서 비롯된 한을 '정한(情恨)'이라 한다.

♥ **이 감정, 어떻게 표현하고 이해할까**

무언가를 그리워하는 사람은 슬픔과 고통으로 그 마음을 표현한다. 그립다고 꼭 말로 하지 않아도 눈물을 짓거나 말없이 생각에 잠기는 등의 행동을 보인다. 전반적으로 슬픔의 표현과 유사하지만 그리움은 직접적인 슬픔이 아니라 회상이나 상념 등에서 촉발된 슬픔에 가까우므로 표현 역시 직접적이지 않다.

눈이 번쩍 뜨이는
기쁜 순간이 온다면

보고 싶던 이를 만난 기쁨, 반가움

A와 B는 같은 동네에서 초중고를 함께 다닌 절친이었다. 그러나 각각 다른 지역의 대학으로 진학한 이후로 20년 가까이 서로 만나지 못했다. 가끔씩 보고 싶다는 생각이 들었지만 바쁘게 살다 보니 만남도 여의치 않았던 것이다. 그러다 최근 A는 지인의 sns에서 낯익은 B의 이름을 발견하고 메시지를 보냈다. 그 사람은 B가 맞았고 둘은 며칠 뒤 만나기로 했다. A는 B와의 재회를 기다리며 설레는 나날을 보냈다. 멀리서 B의 얼굴이 보이는 순간, A는 솟구치는 반가움으로 환한 미소를 지으며 친구의 이름을 불렀다.

반가움

그리고 바라던 중 만나게 되거나 이루어져 마음이 흐뭇함

반가움은 기쁨의 한 종류로 그리던 사람을 만나거나 바라던 일이 이루어졌을 때 느끼는 감정이다. 기쁨은 무언가를 얻었을 때 나타나는 반응이며 보상계의 작동에서 오는 감정이다. 전반적으로 기쁨의 반응과 유사하지만 반가움은 기다리던 대상에게 적극적으로 다가가려는 움직임을 보인다는 특징이 있다.

생물학적 속성 및 기능

반가움을 느끼면 신체 예산이 재배치되어 큰 행동을 하게 만든다. 보고 싶던 친구를 오랜만에 만나거나 그리던 연인을 만나면 '버선발로 뛰쳐나온다'는 옛말처럼, 펄쩍 뛰어올라 크게 소리 지르며 달려 나가는 등의 큰 신체적 반응이 나타난다.

반가움은 그리움과 바람(기대)의 고통을 견딜 수 있게 해 준다. 반가움의 기쁨이 조작적 조건형성에서 강화의 역할을 하는 것이다. 누군가를 그리워하거나 무언가를 간절히 바라는 행위는 괴로운(애타고 안타까운) 일이다. 사람들은 재회 또는 간절한 바람이 이루어질 그 순간에 찾아올 반가움을 떠올리며 고통의 시간을 견뎌 낸다. 같은 원리가 사람 사이에도 작용한다. 기다림(그리움)과 반가움이 반복되면 관계가 깊어지고 친밀감도 상승한다.

그러나 일반적인 기쁨과는 달리 반가움은 사회적 감정이다. 모든 문화에는 멀리 떠났다가 돌아온 이들을 환영하는 풍습이 있다.

사람들은 돌아온 이들을 매우 반갑게 맞이하고 재회의 기쁨을 함께 느끼며 집단의 결속력을 확인해 왔다. 기다리던 사람에게 표현하는 반가움은 더없는 친근감과 환영의 메시지가 된다. 크게 놀라 호들갑을 떨며 옷매무새도 챙기지 못할 만큼 서두르는 것은 엄청난 반가움의 표현이다.

문화적 맥락으로 보는 반가움

순우리말인 '반가움'은 오랜 기대가 이루어졌을 때의 기쁨을 뜻한다. 단순히 좋고 기쁜 것이 아니라 '기다리던 당신을 만나서 기쁘다'는 말이다. 반가움에는 오랜 그리움과 기다림이 전제된다. 매일 만나는 사람을 볼 때도 기쁨이 있겠지만 오래 기다리던 사람을 만났을 때의 기쁨이 더 크다. 주로 그리워해 오거나 기다리던 사람에게 쓰는 표현이지만 '비야, 반갑다!'라고 표현하듯 자연이나 무생물에 감정을 이입하여 쓰기도 한다.

다른 문화와 언어에도 기다림 끝의 기쁨을 나타내는 표현이 있겠지만(good to see you에 long time no see를 붙인다든지), '반갑다'는 별도의 단어를 써서 표현한다는 점은 한국의 문화적 특징이다.

♥ **이 감정, 어떻게 표현하고 이해할까**

언어적 표현도 있지만 반가움은 주로 놀람과 기쁨, 접근 행동으로 드러난다. 깜짝 놀라며 크게 뜬 눈으로 상대를 응시하거나 하던 일을 멈추고 큰 소리를 지르며 달려들기도 한다. 얼핏 보면 분노 및 공격행동과 유사하다. 반가움을 표현하는 방식은 성격 등의 개인차가 있지만 일반적으로 반가움이 클수록 표현 강도도 커진다.

내 아이를 바라보는 것 같은 뿌듯한 마음으로

대상의 뛰어남 또는 특별함에 대한 기쁨, 기특함

아이를 키우는 일상은 매 순간이 놀라움의 연속이다. 갓 태어났을 때는 눈도 제대로 못 뜨던 아이가 어느새 눈을 맞추고 방긋방긋 웃으며, 고개도 못 가누던 아이가 제 발로 일어서서 걸음마를 하다가 어느새 뛰어다니는 모습을 보면 기특하기 짝이 없다. 아이가 젖을 먹고 트림만 해도 예쁘고 기특하게 느껴지는 게 부모 마음이라던가. 언제 이렇게 훌쩍 컸는지, 청소년이 되어 이제는 얼굴 보기도 힘들어진 아이의 어린 시절을 생각하며 A는 옛 기억에 잠겼다.

기특함

뛰어나고 특별하여 귀염성이 있음
기특, 대견, 갸륵, 장(壯)함

기특함은 문화적 정서로 타인의 행동이 불러일으킨 기쁨이라고 할 수 있다. 밀접한 관계에 있는 타인의 행동이나 성취가 흡족하고 자랑스러울 때 느끼는 감정이다. 대개 후배, 제자, 자녀 등 자신보다 나이가 어리거나 연륜이 부족한 이에게 느끼거나 표현하는 감정이며, 선배, 스승, 부모 등에게는 표현하지 않는다.

생물학적 속성 및 기능

기특함/대견함의 내수용감각은 기대 충족에서 오는 만족감(뿌듯함)과 이 감정을 느끼게 해 준 대상에 대한 감동, 애착이 포함된 느낌이다. 예를 들어, 걸음마를 처음 성공한 아기를 보는 부모의 감정을 떠올리면 쉽다. 조그만 팔다리로 열심히 균형을 잡고 아장아장 걸어 나가는 아기를 보면 귀엽고 예쁘면서도 그 아이를 낳고 기른 부모 자신까지 뿌듯해진다. 입가에는 저절로 미소가 지어지고 가슴이 벅차올라 눈가에 눈물이 맺힐 수도 있다.

기특함/대견함은 자신이 낳은 아기처럼 오랫동안 관심 있게 지켜보고 정서적으로 관여한 대상에 대한 감정이라는 점에서 애착과 관련된 옥시토신과 바소프레신이 유발하는 반응일 가능성이 있다. 애착 대상이 주는 기쁨은 그동안의 노고를 잊게 해 주고 앞으로도 기꺼이 애착 대상을 위해 희생할 수도 있다는 마음을 갖게 만든다. 꼭 육아가 아니더라도 무언가 애착을 형성할 만한 대상을 갖는 것은 정신 건강은 물론 삶의 의미 차원에서도 이로운 일이다. 따라서 현대인들은 스포츠 스타나 아이돌 등은 물론이고 개나 고양이, 식물, 심지어 돌멩이까지 다양한 대상과 애착을 형성한다. 그러나 일방적인 애착과는 달리, 기특함과 대견함은 상대의 특정 행위(예 : 예쁜 짓, 성취)나 상태 변화(예 : 성장)에 대한 애착 주체로서의 기쁨을 뜻한다. 동물과 식물에게도 이러한 감정을 느낄 수 있지만 돌멩이 등의 무생물에게 기특함과 대견함을 느끼기는 어렵다.

보호본능과 관련 있는 '귀여움'

'귀여움'은 모양이나 행동이 앙증맞고 곰살스러워 그 대상을 예쁘고 사랑스럽게 여기는 감정이다. 주로 아기나 동물의 새끼처럼 작고 연약하며 미숙한 존재에 대해 느끼는 감정으로, 이러한 존재들을 소중히 여기고 보호하려는 본능과 관련이 있다. 귀여운 아기나 동물을 보면 반사적으로 으스러질 듯이 꽉 껴안거나 얼굴을 부비고 심지어 이로 깨물려는 행동이 나오는데, 언뜻 공격하는 것 같은 이런 행동은 모순 같지만 너무나 작고 연약한 이들을 보호하려는 본능에서 비롯된다. 한편, 노르웨이에는 사랑에 빠질 때의 강렬한 기쁨을 일컫는 '포렐시에(forelsket)'라는 개념이 있다. 필리핀에는 이러한 감정을 표현하는 '기길(gigil)'이라는 개념이 있다. gigil은 '강렬한 감정 때문에 생기는 억제할 수 없는 충동'이라는 뜻으로, 귀여운 대상에게 쓰면 '너무 사랑스러워 꽉 껴안고 싶은 충동'의 의미가 된다. 사회적으로 누군가에게 기특함과 대견함을 표현하는 것은 그 대상에 대한 관심과 애정을 나타내는 일이며, 제3자 입장에서는 칭찬으로 받아들일 수 있다.

문화적 맥락으로 보는 기특함

사랑하는 대상이 주는 만족감을 나타내는 기특함/대견함은 모든 인간에게 보편적으로 나타날 것이다. 그런데 한국 문화에서는 돌봄과 관심이 필요한 대상에 대해 특별하고 자랑스러운 마음을 나타내는 감정으로 기능한다. 한국 사회에서 기특함과 대견함의 표현은 나이와 지위, 경력 등이 개입된 관계에서 서로 간의 관심과 애정을 표현하고 확인하는 수단이 되어 왔다.

♥ **이 감정, 어떻게 표현하고 이해할까**

기특함과 대견함은 직접적인 언어로 많이 표현되는 편이다. 이러한 감정 표현이 그 대상은 물론 제3자에게까지 대상의 특별함과 자랑스러움을 전달하는 기능을 하기 때문이다. 비언어적으로는 대상을 애정에 찬 따뜻한 눈으로 바라보거나 머리를 쓰다듬거나 어깨나 등을 두드리는 등의 친밀한 태도 등으로 나타난다.

사회 유지의 근간이 되는 중요한 마음

마음이 움직였다는 것이 느껴지는 감동

빈 병을 가득 싣고 가던 트럭이 사거리에서 회전 중 무게중심이 기울어지며 병들이 도로로 쏟아졌다. 도로는 깨진 병 조각들로 순식간에 난장판이 되고 사거리는 밀려드는 차들로 꽉 막혀 버렸다. 그때 지나가던 시민들이 하나둘 도로로 나오더니 깨진 병들을 치우기 시작했다. 멈춰 선 차에서 내린 운전자들도 도로를 통제하고 수신호를 하는 등 저마다 상황을 해결하기 위해 나서고 있었다. 일면식도 없는 사람들이 이렇게 일사불란하게 손발이 척척 맞을 수 있을까. 길은 금방 깨끗해졌고 사람들은 다시 제자리로 돌아갔다. 누가 봐도 감동적인 순간이었다.

감동

깊이 느껴 마음이 움직임
touched, 감동, 감격, 감탄

생물학적 속성 및 기능

감동은 타인의 감정이나 의도에 마음이 움직여 생겨나는 감정이다. 기쁨, 슬픔, 분노 등과 같이 특정 감정이라기보다는 상대방의 경험이나 처한 상황에 감정을 이입한 2차적 감정이라 할 수 있다. 우리는 다른 사람의 슬픔이나 기쁨에 함께 슬픔과 기쁨을 느끼곤 하지만, 그렇게 느끼는 감정은 엄연히 직접 경험한 1차적 감정은 아니다.

감동은 주로 내수용감각으로 경험되는데, '가슴이 뭉클하다, 찡하다, 두근거린다' 등 심장과 폐부의 감각과 소름이 돋는 피부 감각, 눈물이 흐르는 반응 등으로 나타난다. 주로 슬픔과 관련한 감동은 폐부 감각으로, 기쁨과 환희의 감동은 소름으로 나타나는 경향이 있으며 감동이 크면 눈물이 흐른다.

이러한 감각은 명백히 생물학적인데, 이는 인간의 신체에 감동과 관련한 생물학적 기제가 있음을 뜻한다. 인간을 비롯한 일부 영장류의 뇌에는 '거울뉴런'이 있다. 거울뉴런이란 다른 개체의 행동을 관찰하는 것만으로도 자신이 그 행동을 할 때 사용하는 뇌의 부위를 활성화시키는 뉴런(신경세포)이다. 감동의 내수용감각은 이 거울뉴런의 작동과 그 영향 때문에 일어나는 것으로 추정된다.

인간은 타인의 존재에 많은 영향을 받는다. 사회적 존재로서의 인간은 다른 개체의 반응에 어떻게 대응하냐에 생존이 달려 있다고 해도 과언이 아니다. 먼저 위험을 감지한 다른 사람의 공포를 함께 느끼지 못하면 생명을 부지하기 어렵고, 다른 이의 슬픔에 공감하지 못하며 도움 행동을 하지 않으면 사회가 유지되기 어렵다. 따라서 인간은 타인의 경험에 자신을 이입하여 그 경험의 의미를 되새기고 해당 상황에서 할 수 있는 가장 적절한 반응을 모색하며 살아왔다. 감동은 이러한 인간 진화 과정의 결과이자 사회성의 바탕이 된다.

한편 감동은 일종의 쾌감으로 작용하기도 한다. 감동이 주는 생물학적 감각 자체가 적절하게 기분 좋은 각성을 주기도 하고, 긴장과 각성을 표현하기 위한 행동이나 각성 후의 이완에서 쾌감을 느끼기도 한다. 따라서 사람들은 문학과 예술 등을 발전시키며 감동을 경험할 수 있는 여러 가지 방법들을 고안하고 적용해 왔다.

감동을 불러일으키는 '공감'

공감은 타인의 감정을 그대로 느끼는 것이며 감동은 그로 인해 생겨나는 자신의 감정이다. 공감이 상호적이라면 감동은 보다 주관적이며 2차적이다. 상대의 감정과 그가 처한 상황에 자신을 이입하면서 상대의 경험을 내 경험처럼 받아들이는 동시에, 거기에 자신만의 감상이 추가되는 것이다. 어렵고 힘든 상황에 처한 상대방에게 '공감'하니 나의 마음도 힘들어지고, 그 사실이 내 마음을 움직여 생기는 감정(측은함)이 '감동'이다. 이러한 속성 때문에 사람들은 자연이나 동물, 또는 나와 전혀 상관없는 사람들에게서도 감동을 받는다.

문화적 맥락으로 보는 감동

감동은 인간의 보편적 능력이자 사회적으로 중요한 기능을 수행해 온 감정이다. 불쌍한 처지에 있는 사람의 측은함이나 남녀 간의 불같은 사랑, 운명에 맞서는 개인의 용기 등 문화 보편적인 면도 있지만, 감동을 불러일으키는 원인이나 맥락은 문화적으로 다를 수 있다. 어떤 문화에서는 운명의 장난에 휩쓸릴 수밖에 없는 인간의 비극이, 어떤 문화에서는 죽음도 두려워하지 않는 전사의 용맹이, 어떤 문화에서는 자신을 희생하여 부모님께 효를 다하는 마음이 특히 사람들의 감동을 불러일으킨다. 또한 감동을 표현하는 방식 또한 문화의 영향을 받는다.

♥ **이 감정, 어떻게 표현하고 이해할까**

감동은 보통 비언어적으로 표현된다. 감동은 정도에 따라 '감동, 감격, 감탄'으로 나눌 수 있는데, 어떤 대상 또는 상대가 내 마음을 움직였으면 감동, 그것이 명백한 내수용감각까지 일으켰다면 감격(感激), 감동이 자신에게 불러일으킨 반응이 너무 커서 그 에너지를 분출하는 데까지 이르면 감탄(感歎)이 된다. 깜짝 놀랄 정도로 감동했을 때 쓰는 표현으로 경탄(驚歎)도 있다. 감동의 정도가 작으면 눈물을 훔치는 정도나 미소로 드러나지만, 정도가 커지면 눈물이 흘러내리거나 여러 가지 탄성이 터져 나오기도 한다.

말로 하지 않아도
금방 드러나는 강렬함

멈출 수 없는 열정, 사랑

A는 대학 동아리에서 만난 B를 좋아한다. 첫눈에 반한 건 아니었지만 언제부턴가 자꾸 눈길이 가고 문득문득 떠오르는 걸 멈출 수 없었다. 생각만 해도 가슴이 뛰었다. 눈을 맞추고 계속 바라보고 싶고 오래 같이 있고 싶다는 마음이 들 땐 가슴이 뜨거워졌다. 그러던 어느 날 술자리에서 A는 용기 내어 자신의 마음을 고백했고 B는 받아들여 둘은 사귀게 되었다. A는 뛸 듯이 기뻤고 새로 태어난 기분이었다. B를 만날 수 있는 학교로 향하는 버스 창밖의 풍경이 다 아름답게 보였다.

사랑

누군가를 애틋하게 그리워하고 열렬히 좋아하는 마음
love, 애(愛), 귀애/친애/동료애

사랑은 '좋아함(호오)'이라는 차원에 속하는 감정으로 상당히 많은 의미를 함축하는 개념이다. 또한 사랑하는 대상과 관계의 깊이, 단계에 따라 수많은 감정을 경험하도록 한다. 따라서 심리학자들은 사랑을 감정이 아닌 태도로 간주한다. 태도는 감정에 비해 인지적 측면이 중요하며 후천적으로 학습되는데, 사랑을 태도로 간주하는 이유는 사랑의 표현이나 방식이 개인과 사회마다 다른 모습으로 나타나기 때문이다. 하지만 사랑은 강렬한 경험으로 나타나는 만큼 감정의 비중이 매우 크다.

생물학적 속성 및 기능

사랑은 그 대상에 따라 '남녀 간의 낭만적 사랑, 다른 대상(사람)에 대한 사랑, 사람이 아닌 대상에 대한 사랑'으로 나눌 수 있다. 우선 남녀 간의 낭만적 사랑에 대해 살펴보자. 남녀 간 사랑의 감정은 호르몬과 밀접하다. 친밀감과 헌신에는 옥시토신과 바소프레신이, 열정과 갈망에는 성호르몬(남성호르몬 테스토스테론과 여성호르몬 에스트로겐)이 작용하며, 황홀감과 몰입감, 흥분에는 도파민, 세로토닌, 노르에피네프린 등이 관여한다.

또한 사랑은 강렬한 신체적 반응을 동반한다. 사랑의 반응은 가슴이 뛰고(설레고), 숨이 가빠지며, 동공이 확장되는 등 교감신경계의 흥분과 유사한데 이러한 내수용감각 때문에 혼란을 겪기도 한다. 사랑하는 사람과의 관계에 익숙해질수록 교감신경계의 흥분은 가라앉고 대신 부교감신경계가 활성화되는데 사람들은 설렘이 잦아드는 이 과정을 사랑이 식는다고 생각하는 경향이 있다.

사랑, 특히 남녀 간의 사랑은 생물학적으로 생산의 기능을 수행한다. 사랑으로 결합한 두 남녀는 아이를 낳고 기르며 사회를 유지하고 후대를 이어 간다. 또한 낭만적 사랑은 수많은 행동의 동기가 된다. 사람들은 사랑 때문에 나라(낙랑공주와 호동왕자)와 가문(로미오와 줄리엣)을 배신하고 명예와 부를 내팽개치며 심지어 목숨까지 내던진다. 이 때문에 사랑은 수많은 예술과 문학작품의 모티브가 되어 왔다.

문화적 맥락으로 보는 사랑

사랑은 특정 대상에 대한 인지와 행동을 포함하는 개념(태도)이므로 수많은 개인차와 문화차이가 있다. 남녀의 낭만적 사랑은 결혼과 출산, 육아라는 생물학적 재생산의 기능을 수행하지만, 인간 사회에서 결혼은 사회 유지의 의미가 있다. 따라서 환경과 역사, 문화에 따라 다양한 결혼 제도가 존재하며 여기에 담긴 사랑의 의미 역시 상대적이다. 사랑의 생물학적 기제는 보편적이지만 각자 살아온 환경에 적응하기 위해 다양한 삶의 방식을 발달시켜 온 것이다.

사랑의 표현에 있어서도 적극적인 문화가 있고 그렇지 않은 문화가 있다. 한국어 '사랑'에는 원래 '생각하다'는 의미가 있었고 현재 통용되는 뜻에는 '그리움'이라는 감정이 포함된 것으로, 한국 문화에서 사랑이란 상대가 늘 생각나고 볼 수 없을 때도 서로를 그리는 애틋한 마음이다. 한편 노르웨이의 포렐시에(Forelsket)는 사랑에 빠질 때의 강렬한 기쁨을 일컫는다.

남녀 간의 사랑이 아닌 사랑에서도 문화차이가 나타난다. 한국은 자녀에 대한 사랑(내리사랑)도 중요하지만 윗어른, 특히 부모에 대한 사랑을 강조하며 이는 효(孝)라는 관념으로 형상화되어 있다. 반면 태국 같은 나라는 아이들이나 나이가 어린 이들을 더 중시한다.

♥ **이 감정, 어떻게 표현하고 이해할까**

굳이 사랑한다는 말을 하지 않아도 사랑에 빠진 남녀는 금방 티가 난다. 상기된 얼굴, 서로에게 고정되어 반짝이는 눈, 떨리는 목소리 등으로 쉽게 드러난다. 그러나 사랑은 여러 단계가 있고 사랑의 표현 방법 역시 시간에 따라 변화하기 때문에 이러한 표현 방식들은 고정된 것이 아니다. 사랑의 표현은 사랑에 빠진 대상과 관계, 국면에 따라 매우 다양하게 나타나며, 사랑을 하면서 부끄러움(수줍음), 질투, 분노 등 다른 감정들이 연합되기도 한다.

혼자가 아니라는 사실이 든든한 이유

어딘가 속해 있다는 든든함, 소속감

A는 다니던 직장에서 해고 통보를 받았다. 사회 초년생 시절부터 7년 동안 성실하게 근무했던 직장이었다. 얼마 전부터 회사 형편이 많이 어려워진 것은 알고 있었지만 그래도 일 잘한다는 평을 들어 왔던 자신은 괜찮을 거라 생각하고 있었기에 당혹감이 컸다. 하지만 당혹감보다도 세상에 홀로 남겨진 것 같은 막막함이 더 크게 다가왔다. 어디엔가 소속되어 있다는 사실이 그렇게 큰 안정감을 주는 일인 줄을 그전까지는 몰랐던 것이다.

소속감

어떤 집단에 속해 있음을 느끼는 마음
연대감, 일체감

소속감은 어떠한 집단에 속해 있다는 것을 인식할 때의 감정이다. 인간은 홀로 살아갈 수 없기에 무리 생활을 시작했고 사회를 이루어 문명을 발전시켰다. 집단에 소속되어 있다는 느낌은 인간에게 안정감을 주며 생존 가능성을 높인다. 심리학자 매슬로는 생리적 욕구와 안전의 욕구 다음으로 소속과 애정의 욕구를 들고 있다.

생물학적 속성 및 기능

사람들은 어떤 집단에 소속되면 안심되고 든든한 느낌을 갖는다. 여러 사람으로 구성된 집단 속에 있다는 것은 홀로 위협에 대처할 필요가 없다는 뜻이다. 따라서 교감신경계가 아니라 부교감신경계가 활성화되며 편안한 내수용감각을 느낀다. 든든하다는 느낌은 몸의 내부가 어떠한 에너지로 가득한 상태로, 불필요한 에너지가 낭비되지 않고 비축된 느낌이다.

소속감은 신뢰감과 마찬가지로 인간에게 기본적인 안정감을 준다. 신뢰감이 다른 개인에 대한 미더움이라면, 소속감은 자신이 속한 집단에 대한 마음으로 안정감이 더 크다고 할 수 있다. 또한 소속감은 개인의 정체성에 중요한 영향을 미친다. '내가 누구인가'에 대한 생각을 정체성(identity)이라고 하는데, 정체성은 개인으로서의 정체성(self-identity)과 자신이 소속된 집단 구성원으로서의 정체성(social-identity)이 있다. 즉 내가 속한 집단이 내가 누구인가를 말해 주는 것이다. 사회정체성이론에 따르면, 소속된 집단에 대한 정체성이 활성화되면 내집단 편향과 외집단에 대한 적대감 등이 나타난다.

소속감과는 다른 '연대감, 유대감, 동질감, 일체감'

소속감이 한 집단에 소속되었다는 느낌이라면 '연대감(連帶感)'은 주로 같은 목적을 가진 한 집단 안에서 구성원들이 느끼는 소속감을 말한다. '유대감(紐帶感)'은 두 사람 이상의 사이를 서로 연결 또는 결합시키는 공통된 느낌으로, 꼭 한 집단의 구성원만이 아니라 개인이나 집단 간의 관계에서도 경험할 수 있다. '동질감(同質感)'과 비슷하다.

한편 '일체감(一體感)'은 집단과 내가 곧 하나라는 느낌으로 집단의 정체성과 개인의 정체성이 구분되지 않는 상태이다. 개인주의 문화에서는 이러한 상태를 '몰개성화(deindividuation)'라고 하여 바람직하지 않게 보지만, 집단주의 문화에서는 바람직한 의미를 갖기도 하며 경우에 따라서는 엄청난 결속력의 원천이 된다. 한국 문화에서는 흔히 '우리가 남이냐'는 말로 표현되는데, 이러한 일체감의 장점과 폐해를 모두 보여 준다.

문화적 맥락으로 보는 소속감

인간은 사회적 존재이기에 소속감은 보편적으로 중요한 감정이다. 집단에 대한 소속의 욕구와 더불어 집단에서 유리되었을 때의 외로움과 불안은 모든 문화에서 나타난다. 그러나 개인주의 문화와 집단주의 문화에서는 집단의 의미가 다르기 때문에 집단과 관련한 행동에 차이가 있다. 이를테면, 개인주의 문화에서 집단은 개인들이 특정 목적을 위해 계약적으로 구성되며, 구성원들은 서로의 목적을 달성하기 위해 사전에 합의(계약)된 만큼의 의무를 이행한다. 반면, 집단주의 문화에서 집단은 가족처럼 태어날 때부터 속하는 귀속적 집단의 의미가 강하다. 따라서 집단 내의 조화와 구성원들의 의무가 강조된다.

한편 집단주의 문화 내에서도 집단에 대한 문화적 인식의 차이가 있다. 예를 들면, 한국인들이 '우리'라고 부르는 집단은 자신의 정체성을 확대시킨 확장된 자기의 성격을 갖는다. 이러한 속성은 '우리 구성원들이 곧 나'라는 생각으로 이어져 엄청난 응집력으로 작용할 수도 있지만, 우리의 정체성이 나와 다르다는 생각이 들면 소속감을 잃고 소속 집단을 바꾸는 일도 쉽게 일어난다.

♥ 이 감정, 어떻게 표현하고 이해할까

집단에 대한 소속감은 개인이 경험하는 정체성으로 표현된다. 자신이 어떤 집단의 일원이라는 것이 자랑스러우면 자부심을 드러내고, 자랑스럽지 않으면 아쉬움과 불만을 드러낼 것이다. 긍정적인 소속감을 느끼는 집단에 대해서는 집단 친화적인 태도가 나타나고 소속감을 느끼지 못하는 집단에 대해서는 불성실한 태도가 나타난다. 아무 집단에도 소속되지 못한다면 자존감의 저하와 불안, 우울이 나타날 수 있다.

만약 세상에 믿을 사람 하나 없다면

누군가를 믿을 수 있다는 안정감에서 오는 신뢰감

대학생 A는 후배 B와 학생회에서 같이 일하면서 친해졌다. B는 무슨 일을 맡겨도 믿음이 가는 사람이었다. 일이 많아도 체계적으로 처리할 줄 알았고 힘든 일을 하면서 힘들다고 내색하는 법이 없었다. 아무리 곤란한 상황이어도 A는 B만 있으면 든든했다. A는 B 덕분에 학생회의 여러 사업들을 성공적으로 마무리했다. 대학 졸업 후 창업을 한 A는 B에게 함께 일할 것을 제안했다.

신뢰감

누군가를 믿고 의지함
trust, 미더움, 미쁨

신뢰감은 타인을 믿을 수 있다고 생각하고 의지할 때의 감정이다. 믿을 수 있는 타인의 존재는 우리에게 기본적인 안정감을 준다. 이러한 안정감은 사회에서 타인과 상호작용 하며 각자 맡은 역할을 적절히 수행할 수 있는 바탕이 된다.

생물학적 속성 및 기능

신뢰감은 별다른 신체 반응을 수반하지는 않지만 한국인들은 이 감정을 흔히 '든든하다'고 표현한다. 든든하다는 것은 내부가 꽉 찬 느낌, 허전하지 않은 느낌이다. 누군가 믿을 만하고 의지할 만하다는 사실이 주는 안정감의 표현이다.

신뢰감은 사회적 존재로서의 인간에게 기본적 안정감을 제공한다. 다른 사람을 전혀 믿을 수 없다는 것은 그만큼 위협과 불안에 시달려야 한다는 뜻이다. 언제 어디서 닥쳐올지 모르는 위험에 대처하기 위해서 우리 몸의 교감신경계는 늘 긴장해 있을 것이고 이는 스트레스와 피로, 소진, 질병 등을 가져온다. 그러면 개체들의 생존 가능성이 현저히 떨어질 수밖에 없다.

신뢰감의 표현은 마음을 놓고 상호 신뢰를 형성하는 계기가 된다. 그래서 사람들은 처음 만나는 이들에게 신뢰감을 주기 위한 노력을 부단히 해 왔다. 믿을 수 있는 사람이 늘어나면 더 많은 자원과 기회를 얻을 수 있기 때문이다. 그러다 보니 때로는 타인의 신뢰감을 악용하는 경우도 있다. 자신의 욕심 때문에 감언이설로 타인의 신뢰를 얻으려는 이들은 어느 사회에나 있다.

발달심리학자 에릭슨은 아이들이 태어나서 가장 먼저 경험하는 감정이 타인에 대한 신뢰이며 신뢰감이 충족되지 못하면 타인에 대한 불신(mistrust)을 경험한다고 보았다. 인간의 기본적 신뢰감은 주양육자(대개 부모)로부터 형성되며 어린 시절에 타인에 대한 기본적 신뢰를 경험하지 못한 사람은 성장 후에도 타인에 대한 불신이 마음 깊이 자리 잡게 된다. 한편 신뢰감은 일관성과 밀접하다. 심리학자 보울비는 부모의 따뜻하고 일관적 태도가 아이들의 안정적인 애착에 영향을 미친다고 주장했다. 부모의 차갑고 비일관적인 양육은 타인에 대한 근본적인 불신의 뿌리가 되며, 이는 아이가 성장한 후 사회적 상호작용 방식으로 나타난다. 매사에 타인의 악의를 의심하는 편집성 성격이 대표적인 예이다.

'불신(不信)'과 '배신감(背信感)'

불신은 애초에 믿음이 없는 상태를 뜻하며, 배신감은 믿었던 상대가 믿음을 저버린 것에 대한 감정이다. 믿음이 없는 사람과는 상호작용이 제한되기 때문에 크게 상처받을 일이 없지만, 믿었던 사람의 배신은 커다란 분노와 슬픔을 초래한다. 경우에 따라 공격 등 적대적 행위가 나타나기도 한다.

문화적 맥락으로 보는 신뢰감

신뢰는 개인주의 문화에서 특히 강조되는 개념이다. 독립적 개인으로서 자신의 이익과 즐거움을 위해 타인과 상호작용 하는 개인주의 문화에서 타인을 신뢰한다는 사실은 무엇보다 중요하다. 서구사회에서 산업과 자본이 발달할 수 있었던 것은 상호 신뢰, 즉 신용을 바탕으로 한 경제 제도의 역할이 컸기 때문이다.

물론 집단주의 문화에서도 신뢰는 중요하다. 집단주의 문화로 대표되는 동양에서도 때에 따라 말을 바꾸거나 남을 속이는 이는 좋은 평가를 받지 못한다. 다만 집단주의 문화에서의 신뢰는 대인 간의 신뢰라기보다는 대의(大義)나 사회적 역할이라는 맥락에서 평가되는 측면이 크다.

한편 신뢰는 공적 신뢰와 사적 신뢰로 구분된다. 공적 신뢰란 군대, 경찰, 사법 등 국가체제에 대한 신뢰이고, 사적 신뢰란 사적 관계인 개인 사이의 신뢰를 뜻한다. 어떤 사회의 공적 신뢰는 사적 신뢰와 일치하지 않는다. 예를 들면, 한국 사회의 공적 신뢰는 매우 낮은 수준이나 사적 신뢰는 높은 편이다. 역사적으로 특히 현대 역사에서, 국가기관 등에 대한 신뢰 형성이 어려웠고, 대신 생존을 위해 사적 관계망을 활용해 왔기 때문인 것으로 추정된다.

♥ 이 감정, 어떻게 표현하고 이해할까

타인에 대한 신뢰는 태도로 드러난다. 따뜻한 시선과 친밀한 언행, 무엇보다 자신의 중요한 물건이나 일을 '맡기는' 것으로 신뢰감을 나타낸다. 신뢰감이 형성되었다고 느끼면 상대와 더 많은 시간을 보내고 자신만의 비밀을 공유하기도 한다. 상대방에 대한 헌신은 신뢰감의 또 다른 표현이다.

주로 '믿는다'는 말로 신뢰감을 표현한다. 이는 상대방에게 자신을 배신하지 말라는 메시지이기도 한데, 상대가 자신을 배신하지 않을 것이라는 자기암시의 효과도 있다. "나 믿지?"라는 말을 지나치게 자주 하는 사람을 쉽게 믿어서는 안 된다.

더 깊은 사이가 되기를 원할 때 필요한 것

가까운 사이에서 느껴지는 친밀감

A는 재수학원 같은 반 학생인 B를 보며 늘 그가 로봇 같다고 생각했다. B는 하루 종일 거의 움직이지도 않고 공부만 하기 때문이다. 몇 달 동안을 지켜봐도 옆에 앉은 친구와 몇 마디 주고받는 것 외에는 사람들과 대화도 거의 나누지 않았다. 그러던 어느 날 A는 친구들과 함께 B를 설득하여 저녁 수업을 한 번 빠지고 노래방에 가기로 했다. B는 처음엔 거절했지만 노래방에서 노래도 부르고 친구들과 즐거운 시간을 보냈다. B의 인간적인 모습을 보니 그제서야 A는 B에게 친밀감이 들었다.

친밀감

친하고 가까운 느낌
intimacy, 친하다, 친밀하다

친밀감은 가까운 관계의 사람에게 느끼는 감정이다. 사람들은 자주 만나서 잘 알게 된 이들에게 친밀감을 느끼며, 그들이 자신과 유사한 점이 많거나 잘 통한다는 것을 알게 되면 더욱 깊은 친밀감을 가진다.

생물학적 속성 및 기능

친밀감의 내수용감각은 편안함과 든든함, 만족스러움이다. 친한 사람(친구)과 함께 있다는 것은 별다른 위험이나 위기에 놓이지 않는 상황이라는 뜻이므로 교감신경계가 아닌 부교감신경계가 활성화될 뿐더러, 급격하게 신체 예산을 재분배할 일도 없기 때문에 편안한 느낌이 든다.

사회적 존재인 인간에게 친밀감은 매우 중요한 감정이다. 누군가와 가까운 사이라는 사실은 그에게 나의 생명을 맡기고 의지할 수 있으며 함께 적을 물리치고 외로움을 달랠 수 있다는 뜻이기 때문이다. 친밀감은 심리적 안정감을 제공하고 신뢰감의 바탕이 되며 더 깊은 관계(친구, 동맹, 연인 등)로 이어지는 매개가 된다. 그렇기 때문에 사람들은 다른 이들과 더 깊은 관계를 원할 때 친밀감을 표현하기도 하는데, 친밀감을 높이기 위해 미소와 인사, 유머, 칭찬, 스몰토크, 선물 등을 활용한다. 많은 심리학 연구에 따르면,

단순 노출로도 친밀감이 상승하는 효과가 있으며, 상대와의 유사성을 지각할수록 친밀감이 커진다. 많은 사람과 친밀한 관계를 맺을수록 궁극적으로 생존 가능성이 높아지고, 더 많은 자원과 유리한 조건을 획득할 수 있는 기회를 얻게 된다.

문화적 맥락으로 보는 친밀감

친밀감의 기능들 때문에 일반적으로 대부분의 문화에서는 다른 이들에게 친밀감을 표현한다. 하지만 문화에 따라 친밀감의 표현 방식이나 친밀감을 느끼는 관계의 범위가 다를 수 있다. 예를 들면, 개인주의 문화의 사람들이 집단주의 문화의 사람들보다 미소, 인사말, 유머, 칭찬 등의 사회적 기술을 더 많이 사용한다. 이는 관계를 중시하는 집단주의 문화의 사람들이 사회적 기술을 더 많이 사용하리라는 예상과 반대되는 결과이다. 자신의 행동과 선택이 스스로의 운명을 결정하는 개인주의 문화에서는 사회에서 만나는 이들을 자신에게 유리한 관계로 만들려면 그들에게 친밀감을 줄 필요가 있는 것이다. 반면, 집단주의 문화의 사람들은 자신이 속한 집단 구성원에게는 강한 친밀감을 표현하지만, 굳이 관계를 형성할 필요가 없는 다른 집단의 구성원에게는 사회적 기술을 덜 사용한다.

그러나 개인주의 문화라고 해서 이런 특성이 다 같은 패턴으로 나타나는 것은 아니다. 앞서 기술한 개인주의 문화의 특성은 북미, 즉 미국과 캐나다 사람들에게는 많이 나타나지만, 역시 개인주의 문화로 분류되는 북유럽 사람들에게는 잘 나타나지 않는다. 집단주의 문화권 내에서도 각자가 생각하는 집단과 관계의 속성에 따라 친밀감을 표현하는 방식은 각각 다르다. 한국 문화에서는 주로 친밀감을 '정(情)'으로 표현하고 경험한다.

♥ **이 감정, 어떻게 표현하고 이해할까**

친밀감은 미소 띤 얼굴, 편안한 표정, 가까운 거리 등 주로 비언어적으로 표현된다. 그러나 친밀하지 않은 사람에게는 상대적으로 굳은 표정이나 무표정, 거리 두기 등으로 상대와의 거리감을 드러낸다. 친한 사이의 사람들끼리는 보통 긴장을 푼 편안한 자세로 자연스럽게 대화를 나누지만, 문화에 따라서는 친밀한 사이에도 격식을 갖추어 확실하게 예절을 지키는 경우가 있다.

저절로 고개가 숙여지는 사람 앞이라면

다른 이를 높이고 삼가는 마음, 존경심

피겨 여왕 김연아의 선수 시절 인터뷰가 화제가 된 적이 있다. 훈련 전 스트레칭을 하는 김연아 선수에게 후배 선수가 '무슨 생각을 하면서 훈련에 임하느냐'고 물었을 때 김연아는 "무슨 생각을 해. 그냥 하는 거지."라고 대답했다. 올림픽 금메달을 비롯하여 그랜드 슬램, 올 포디움 등 선수 시절에 달성한 김연아의 눈부신 성적이 어디에서 비롯되었는지 알 수 있는 대답이었다. 나이와 상관없이 누가 봐도 존경심을 가질 만한 삶의 자세라고 할 수 있다.

존경심

남을 높여 공경하는 마음
admire/respect, 우러르다, 공경, 존중

존경심은 상대방을 높여 공경하는 마음으로, 일차적으로는 상대방에 대한 호의의 감정이라 할 수 있다. 그러나 존경심은 상대에 대한 친밀감으로 드러나기보다는 상대에게 자신을 낮추고 언행을 조심하는 등의 태도로 표현된다.

생물학적 속성 및 기능

사회적 맥락에서 상대방에 대한 예의나 예우를 표현하는 사회적 감정이기에 생물학적 반응은 그다지 의식되지 않지만, 존경심을 표할 때에는 실수하지 않도록 조심하고 예절 바르게 행동하기 때문에 일종의 두려움과 신체적 긴장이 동반된다. 이는 교감신경계의 활성화와 관련 있는 내수용감각으로 경험될 수 있다. 존경심을 매우 강하게 느낄 때에는 긴장으로 입이 마르거나 가슴이 뛰고 동공이 확장되며 주의를 집중하게 된다.

존경을 받을 만한 사람이란 자신의 능력과 업적 등으로 사회적 인정을 받은 사람이다. 인간은 사회적 존재이기에 사회적으로 존경받는 이에게 좋은 인상을 심어 주고 그 사람과 좋은 관계를 유지하는 것이 생존에도 도움이 된다. 존경의 대상에게 적절한 존경심을 표하는 사람은 대체로 사회적이며 예의가 바르다. 즉 사회적 상황에서 적절하게 행동하는 사람이라는 평가를 받는다. 그러한 평가를 받는다는 것은 맥락 지능, 협조성, 관계 조화성 등 사회에서 요구하는 긍정적 능력을 갖췄다는 뜻이다.

특정 대상에 대한 존경심은 그 대상에 대한 헌신으로 이어질 수 있다. 헌신이란 자신의 욕구와 이익을 억제하고 타인을 위해 희생하는 것이다. 구성원들의 헌신은 궁극적으로 집단의 생존 가능성을 높인다. 따라서 역사적으로 여러 집단과 조직의 리더들은 구성원들의 존경심을 얻기 위해 고군분투해 왔다. 존경심의 원천은 다양하다. 리더가 분배하는 부와 권력일 수도 있고 리더 자신의 능력, 인품과 덕망 등의 매력일 수도 있다.

그러나 지나친 존경의 표현은 아부, 아첨이 될 수도 있다. 특히나 존경을 받을 만한 자격이 없는 사람인데도 그 사람의 눈에 들기 위해 무리하게 존경을 표현한다면 아첨꾼이라는 평가를 받으며 타인의 불쾌감을 유발할 수도 있다. 대부분의 사회에서 아첨꾼은 멸시의 대상이 된다.

존경심을 뛰어넘는 '경외(敬畏)심'

경외 또는 경외심은 공경하고 두려워하는 마음을 뜻한다. 보통 연장자나 지위가 높은 사람에게 표하는 존경심을 뛰어넘어 위인이나 신(神) 또는 거대한 자연을 대할 때 드는 마음을 '경외심'이라고 한다.

문화적 맥락으로 보는 존경심

존경심에는 윗사람에 대한 존경(admire)이 있고, 상하 관계와 관련 없는 상대에 대한 존중(respect)이 있다. 상대를 높이 평가하고 예우한다는 의미에서는 같지만, 사회적 지위의 개입 여부가 다르다고 할 수 있다. 보통 존경의 대상은 여러 면에서 자신보다 우위에 있는 사람이다. '존경하다'의 순우리말 '우러르다'는 위를 향하여 고개를 정중히 든다는 뜻이다.

따라서 존경하는 대상에 대해서는 보통 언행을 조심하고 겉으로 드러나는 행동에 더 신경을 쓰게 된다. 이러한 행위 양식은 많은 사회에서 예의범절로 구체화되어 있다. 특히 신분제와 관료제의 역사가 오래 뿌리내린 문화에서는 존경심을 표해야 할 사람들이 관습적으로 구분된다.

한편 존중은 존경에 비해 상대적으로 평등한 관계에서의 감정이다. 존중은 상대와 자신의 차이를 인정하는 데서 시작되며, 자신과 상대의 차이를 단점으로 보지 않고 상대를 자신과 동등한 관계로 인식하는 것이다. 그렇기에 누군가를 존중한다는 것은 상대를 나처럼, 나만큼 중요하게 평가하고 받아들인다는 뜻이다. 영어 respect는 상대의 능력이나 자질을 높이 평가하고 존경한다는 의미이지만 그것이 항상 둘 사이의 사회적 지위를 반영하지는 않는다.

♥ 이 감정, 어떻게 표현하고 이해할까

존경의 마음은 태도에서 드러난다. 상대를 향한 눈빛, 공손히 모은 손, 바른 자세 등 최선을 다해 상대를 배려하고 예우하는 모습이다. 큰 소리나 경박한 행동은 존경심과 거리가 멀다. 존경심의 표현 방식은 문화에 따라 다를 수 있다. 예를 들어, 한국 문화에서는 윗사람과 시선을 똑바로 맞추는 것이 결례로 여겨질 수 있다. 현대사회에서 지나치게 엄격한 예절을 강요하는 것은 바람직하지 않을 수 있지만, 존경할 만한 대상에게는 그를 높이며 배려하는 진심이 전해질 수 있어야 한다.

말하지 않아도 느낄 수 있는 마음

이유 없이 주고 싶은 마음, 정(情)

한 온라인게임 안에서 유저 A는 자신의 캐릭터 체력이 많이 떨어져 잠시 마을 앞에 세워 두고 체력을 회복시키던 중이었다. 그런데 지나가던 남자 힐러가 "이거 드시고 힘내세요."라며 음식을 주고 가는 것이 아닌가. A가 고맙다는 인사를 전하자 힐러는 웃는 이모티콘으로 응답했다. 떠나가는 그에게 답으로 웃음 이모티콘을 보내며 A는 모처럼 게임 공간에서 정을 느꼈다고 생각했다. (마비노기 온라인 게시판에서)

정

오래된 사이에서 느껴지는 친밀하고 아끼는 마음
정(情)

정(情)은 가장 한국적인 감정으로 꼽힌다. 사람 사이에서 느껴지는 감정으로 친근하고 아껴 주는 마음은 어느 나라에나 존재할 것이다. 정을 한국적으로 만드는 요소는 '주고 싶다는 마음'이다. 한국 문화에서 정은 보통 '우리' 관계, 즉 남이 아니라고 느껴지는 관계에서 나타난다.

생물학적 속성 및 기능

감정의 질은 '친밀감, 신뢰감, 사랑'에 가깝다. 정을 나누는 관계에서는 심리적 안정감과 신체 예산의 풍족함(든든함)을 느낀다. 서로의 마음을 확인할 때 가슴이 따뜻해진다는 내수용감각으로 느껴지기도 한다. 문화심리학자 최상진은 정의 속성을 '역사성과 동거성, 다정성, 허물없음'으로 설명한다. 즉, 정이란 오랫동안 함께 지낸 사람들 사이에서 생겨나는 감정으로 친밀하고 포근하며, 허물없는 상호작용의 바탕이 되는 감정이다. 정은 특정 상황에서 생겨나는 일시적인 감정이 아니라 관계의 질에서 비롯된 감정 및 행위 양식의 총체라고 할 수 있다.

한국 문화에서 정은 '우리'임을 느끼고 그 관계를 확인하는 수단이 된다. 정은 '우리' 관계에서 느낄 수 있는 감정이다. 한국인들의 '우리'가 다른 문화의 내집단들과 구별되는 가장 큰 특징은 '우리'의 자기 확장적 속성이다. 다시 말해, 한국 문화의 '우리'는 '내'가 확장된 집단이다. 이러한 의미는 '우리 아내', '우리 남편' 등의 표현을 봐도 알 수 있다. 여기서 '우리'는 '나와 아내', '나와 남편'을 뜻하며, '우리 아내', '우리 남편'은 '내 아내', '내 남편'과 같은 뜻이다. 즉, '우리'는 '남'이 아닌 관계로, 한국에서는 말하지 않아도 서로를 이해할 수 있는 가족과도 같은 관계를 뜻한다. '우리' 안에서 한국인들은 소속감과 안정감, 편안함과 즐거움을 느낀다.

정은 우리가 아닌 이들과 '우리'가 되게 해 주는 매개체이기도 하다. 한국 문화에서 정은 행위로 표현된다. 상대가 내게 하는 행동을 통해, 내가 상대에게 하는 행동을 통해 서로의 관계(우리)를 확인하고 그로부터 정을 느낀다. 이는 기본적으로 서로 오랫동안 친밀하게 알고 지낸 사이에서 가능한 행위 양식이지만, 한국에서는 잘 모르는 사람에게도 정을 표현하는 경우가 있으며, 정을 느끼면 급격히 친밀한 사이가 된다. 물론 정은 관계의 역사를 포함하기에 '우리'라고 해서 항상 친밀하고 따뜻한 감정만 오고 갈 수는 없다. '미운 정 고운 정'이라는 말이 이러한 측면을 담고 있다. 정이 들었다고 해도 항상 예쁠 수만은 없고, 미운 짓을 해도 미워할 수만은 없는 관계라는 뜻이다.

문화적 맥락으로 보는 정(情)

오래 사귄 사람을 가까이 하며 아끼는 것은 문화 보편적인 행동이며 그러한 행위에서 오는 감정 역시 마찬가지일 것이다. 하지만 정은 한국의 독특한 문화적 맥락을 포함한다. 정의 가장 한국적인 점은 그 감정의 방향에 있다. 즉, 정은 상대에게 그 감정을 느끼는 사람이 표현하는 감정이다.

　정은 흔히 '들었다' 또는 '준다'라는 말과 함께 쓰이는데, '정이 들었다'는 표현은 서로의 관계에서 자연스럽게 정이 생겨났다는 뜻이며, '정을 준다'는 말은 자신이 행위의 주체로서 상대에게 정을 표현했다는 뜻으로, 정의 속성을 가장 잘 담고 있다.

　한국 문화에서 정을 표상할 때 손자에게 뭐든 퍼 주는 할머니를 쉽게 떠올리는데 말 그대로 '주고 싶어서 주는' 마음이 바로 정이다. 이러한 마음은 행위의 주체성과 관계의 주관성에서 비롯된다. 상대가 내 손자가 아니어도, 심지어 상대가 원하지 않아도 내가 주고 싶으면 주어야 하는 마음이다. 여기서 한국인들의 행동 특성, 참견과 오지랖이 발동된다. 상대가 '남 같지 않아서', '안쓰럽고 짠하고', '가만히 있을 수 없어서' 타인의 일에 끼어든다. 물론 이러한 정의 주체성과 주관성에는 장단점이 있다. 정의 행위 양식에서 알 수 있는데 또 한 가지 중요한 속성은 정의 표현이 비언어적으로 이루어진다는 것이다. 말하자면 이심전심(以心傳心), '말하지 않아도 알아요' 같은 것이다. 정을 주고받는 이들은 말로 표현하지 않아도 서로의 마음을 안다. 또는 안다고 믿는다. 문화심리학에서는 한국인들의 이러한 교류 방식을 '심정 교류'라고 한다.

♥ 이 감정, 어떻게 표현하고 이해할까

정은 누군가를 아껴 주고 싶고, 자꾸 뭔가 챙겨 주고 싶은 마음이므로 그러한 행동으로 드러난다. 그러나 정을 느끼는 '우리' 관계는 1:1의 상호 호혜적 관계가 아니라 내 부모 형제나 자식에게처럼 일방적으로 베풀어도 전혀 아깝지 않은 관계이다. 또한 정은 흔히 '허물없음'으로 표현된다. 한국 문화에서는 상대를 가깝게 여길수록 사소한 예의나 형식을 따질 필요가 없다고 생각한다. 그래서 상대가 베푸는 호의를 계속 거절하거나 알고 지낸 지 오래되었는데도 끝까지 격식을 차린다면, 오히려 상대가 섭섭해 할 수도 있다.

슬퍼하는 사람을
보기 힘들 만큼 가슴 아플 때

타인의 처지에 공감하며 느끼는 슬픔, 불쌍함

대학에서 강의를 하고 있는 A는 수업에서 만나는 학생들이 불쌍하게 느껴질 때가 많다. 계속되는 불황에 취업난, 앞이 보이지 않는 미래를 준비해야 하는 학생들의 눈빛에서는 생기를 찾아보기가 어렵다. 앞날이 불안한 청춘이야 어제오늘 일도 아니고, A 자신도 힘든 젊은 날을 보냈지만 나이가 들고 보니 사뭇 느낌이 달랐다. 그들 앞에 마냥 밝은 미래가 펼쳐질 것은 아니라는 생각에 A는 수업을 마치고 나가는 학생들을 안쓰럽게 바라보았다.

불쌍함

처지나 형편이 어려워 애처로움
poor, pitiful, pathetic, 가엾음, 딱함, 안쓰러움, 애처로움, 애잔함,
측은함, 가련함

불쌍함은 타인의 처지에 공감하여 느끼는 슬픔에 가까운 감정이다. 자신에게 중요한 물건이나 사람을 잃어버렸을 때 생기는 반응이 '슬픔'이라면, 그러한 일을 겪은 타인에게 공감하면서 느끼는 감정이 '불쌍함'이다.

생물학적 속성 및 기능

공감은 거울뉴런에 의해 발생한다. 거울뉴런은 이탈리아의 리졸라티 교수 연구 팀이 발견한 것으로, 타인의 행동을 관찰할 때 그 행위를 자신의 뇌에서 모사하는 뉴런이다. 거울뉴런은 뇌의 뇌섬엽, 상측두피질, 중전두엽으로 이어지는 회로에서 작동하며, 이 회로는 상대의 의도를 파악하고 감정적 공명(공감)을 일으킨다. 거울뉴런의 발견으로 인해 공감은 인간의 본성이며 사회성을 구현시키는 기제임이 확인되었다.

슬픔은 울음과 눈물의 신체 반응을 수반하는데, 불쌍함도 이와 유사하다. 타인의 불쌍한 처지를 보면 '눈시울이 붉어지고', '눈물이 난다'. 그러나 슬픔은 자신에게 초점이 있는 반면, 불쌍함은 타인에게 초점을 두므로 타인에 대한 도움이나 위로 행동으로 이어지기 쉽다.

불쌍함의 가장 중요한 기능은 도움과 위로 행동, 즉 이타적 행

동을 초래한다는 것이다. 개인의 슬픔이 활동 수준을 낮추어 에너지를 보존하고 추가적인 위험으로부터 자신을 보호하는 반면, 불쌍함은 슬픔을 느끼게 하는 개체를 적극적으로 도와주게 만든다. 물론 타인의 처지에 공감하여 단순히 가련함과 측은함만 느끼는 이들도 있겠지만, 어떤 이들은 실질적인 도움을 줄 것이고 그러한 행위들이 모여 결국 사회를 유지하도록 만든다.

타인의 처지에 공감하고 측은함을 잘 느끼며 이타행동을 많이 하는 사람은 공감적이며 친사회적인 사람, 나아가 존경받을 만한 사람이라는 평가로 이어질 수 있다. 많은 사회에서 기부나 봉사 등 이타적 행동은 바람직하게 여겨지며 이러한 삶을 사는 이들은 존경을 받는다. 반면, 타인의 불쌍한 처지에 공감하지 못하는 사람은 차갑고 냉정한 사람이라는 평가를 받게 되며 이는 결과적으로 그 사람의 사회적 생존 가능성을 낮춘다.

문화적 맥락으로 보는 불쌍함

한국에서 불쌍함은 '애처로움, 안쓰러움, 가엾음, 딱함' 등 다양하게 표현된다. 이는 영어 등 다른 언어 문화권에서도 마찬가지인데 그만큼 타인에게 공감하고 이타적인 행동을 보이는 것이 인간의 본성에 자리 잡은 문화 보편적 현상이라는 사실을 방증한다. 타인의 상실과 아픔에 공감하고 타인을 돕는 것은 대부분의 사회에서 윤리적이고 도덕적인 행위로 평가받는다.

한편 불쌍함을 표현하는 한국어 중에 '애처로움', '애달픔', '애잔함' 등에서 알 수 있듯 '애' 자가 들어간 것들이 많다. 애는 창자를 뜻하는 말로, '애처롭다, 애달프다, 애잔하다'는 말은 내장(애=창자)이 닳는 것처럼 쓰라리고 괴롭다는 뜻이며, '안쓰럽다'는 안(뱃속)이 쓰라리다는 뜻이다. 한국에서 슬픔이 주로 폐부(가슴)로, 불쌍함은 복부(내장)에서 감각된다는 인식이 있다는 것은 문화적으로 독특한 부분이다. 이러한 인식은 타인의 고통은 나의 괴로움을 유발하고, 그 괴로움을 없애기 위해 이타적 행위를 하게 되는 메커니즘(추동 감소 이론)과 관계 있어 보인다. 이 관점에서 보면 이타적 행위는 결국 이기적 동기에 의한 것으로 해석할 수 있다.

♥ **이 감정, 어떻게 표현하고 이해할까**

불쌍함은 공감에서 비롯되는 감정이다. 사람들은 대상과 관계의 경중에 따라 다양한 수준의 불쌍함을 경험하고 표현한다. 타인의 고통은 일종의 슬픔으로 지각되고 눈물을 흘리는 등의 신체 반응을 유발하며, 많은 경우에 불쌍한 사람을 돕는 이타적 행위로 이어진다. '포옹, 쓰다듬기' 등의 신체 접촉 및 위로 행동으로 나타나기도 한다.

'넌 나에게 모욕감을 주었다'는 말이 위험한 이유

상대의 모욕에 대한 분노, 괘씸함

A에게는 친한 후배 B가 있다. B가 같은 대학 출신인 데다 하고 있는 일도 비슷해서 A는 가끔 B에게 밥도 사 주고 사적으로나 업무적으로나 도움을 많이 주곤 했다. A는 이번에 새로운 일을 시작하게 되어 B에게 급히 도움을 요청했다. 그런데 B는 바쁘다며 차일피일 미루기만 했다. 나중에 알고 보니 바쁘다던 B는 그사이 해외여행까지 다녀왔다. A는 B가 괘씸하다는 생각을 지울 수 없었다.

괘씸함

모욕적으로 느껴지거나 예절에 어긋나 밉살스럽고 분함
humiliation, 모욕감

괘씸함은 상대로부터 모욕을 당했을 때 생기는 화 감정이다. 대부분의 사회에는 다른 사람을 존중하고 예의에 맞는 행동을 하는 등 상대방에게 기대하는 행위 양식이 있다. 상대의 행동이 이러한 기대에 어긋나고 나를 존중하지 않는다고 여겨질 때 괘씸함을 느낀다.

생물학적 속성 및 기능

모욕이나 결례를 당하면 신체 예산의 혼란으로 인한 당혹감(기막힘)과 불편함(언짢음)을 느끼는데, 이러한 느낌이 자신을 모욕한 상대에 대한 분노로 바뀌면서 심박수 및 호흡 증가, 체온상승에 따른 열감 등 교감신경계의 활성화와 관련된 신체 반응들이 나타난다.

괘씸함(모욕감)은 강한 분노와 공격성을 동반한다. 자신과 자신을 구성하는 중요한 속성들을 폄하하고 모욕하는 것을 자신에 대한 공격으로 받아들이기 때문이다.

만약 상대가 모욕감을 표시했을 때는 즉시 결례를 사과하고 상대의 손상된 자존감을 회복시키기 위해 노력해야 한다. 그러지 않으면 기본 예의가 없는 사람이라는 평가를 받고 사회적으로 따돌림을 당할 수 있다. 이런 상황에서는 분노한 상대에게 공격당한다

해도 주위 사람들로부터 도움을 받기가 어렵다.

괘씸함과 초점이 다른 '수치심'

수치심(shame)이 자신에게 초점을 둔 자의식적 감정이라면 괘씸함(모욕감)은 수치의 원인을 자신에게 수치를 준 상대에게 귀인함으로써 발생하는 분노라 할 수 있다. 따라서 수치심은 자기반성의 계기가 될 수 있지만, 괘씸함(모욕감)은 상대를 응징하겠다는 공격 의지로 이어진다.

문화적 맥락으로 보는 괘씸함

한국 문화에서 '괘씸하다'는 사회적 지위가 우위에 있는 사람이 그보다 낮은 지위에 있는 사람에게(예를 들면, 연장자가 연하자에게) 표현되는 경향이 있지만, 말뜻 자체에는 사회적 지위가 내포되어 있지 않다. 하지만 문화적으로 사회적 지위가 낮은 사람이 높은 사람을 모욕하거나 결례를 범하는 것이 더 큰 문제라는 인식 때문에 그러한 용례로 굳어진 듯하다.

사실 모욕감으로서의 괘씸함은 문화 보편적인 감정이다. 특히 독립적 개인으로서의 상호 존중을 예의로 여기는 개인주의 문화에서 상대의 개인성(능력, 외모 등)을 모욕하는 것은 사회적 금기이다. 유목문화와 같이 특히 명예를 중시하는 문화권에서는 모욕을 당하면 즉시 모욕한 상대를 공격하여 응징하는 것을 미덕으로 삼기도 한다.

집단주의, 관계주의 문화권에서는 사람들의 역할과 지위에 따른 행위 양식을 명확히 규정하고 있는데(예의범절), 이를 의도적으로 또는 상습적으로 어기는 경우, 상대의 분노(괘씸함)를 유발할 수 있다. 또한 명백한 예의의 위반이 아니더라도 특정 지위나 집단에서 통용되는 암묵적인 규칙을 어긴 경우에도 소위 '괘씸죄'가 발동할 수 있다. 괘씸죄의 대상이 된 개인이나 집단에게는 어떤 형태로든 공격 행위가 가해질 수 있다.

♥ **이 감정, 어떻게 표현하고 이해할까**

괘씸함(모욕감)은 당혹과 분노로 표현된다. 어이없는 표정, 기막히다는 탄성, 어쩔 줄 모르겠다는 몸짓 등으로 당혹감이 드러나거나, 얼굴을 붉히며 자신을 모욕한 상대에게 소리를 지르고 공격을 하는 등의 분노가 표출된다. 이때 상대에게 말투를 바꾸고 정색하며 사과를 요구하기도 한다. 한국 문화에서 '괘씸하다'는 표현은 사회적 지위와 관련해서 제한적으로 나타난다.

피할 수만 있다면
피하고 싶다는 마음

해야 할 일의 무게로 마음이 불편한 부담감

A는 한 연구소에서 연구원으로 근무하게 되었다. 그 연구소는 어렵게 국책사업에 선정되었으나 연구 인력이 없어 손을 놓고 있던 상황이었다. 근무 첫날부터 행정 실무, 연구설계, 조사, 연구까지 많은 일들이 A에게 쏟아졌고, A는 눈코 뜰 새 없는 시간을 보냈다. 더 큰 문제는 당장 몇 개월 뒤에 닥친 중간보고, 그리고 연말에 있는 연구보고서 작성과 발표였다. A는 부담감에 가슴이 짓눌리는 것만 같았다.

부담감

짐스럽거나 불편한 느낌

부담(負擔)

부담감은 무언가가 짐으로 느껴져 힘겨운 감정이다. 특정 사건에 대해 일시적으로 느끼는 감정이라기보다는 자신이 수행해야 할 의무나 떠맡게 된 일, 그에 대한 타인의 기대 등으로 인한 지속적인 스트레스라고 할 수 있다.

생물학적 속성 및 기능

부담감은 자신이 감당할 수 있는 것보다 더 큰 일을 맡게 되었을 때의 짐스럽고 불편한 느낌으로, 자신이 해야 할 일을 예측하는 과정에서 이미 배분된 신체 예산보다 더 큰 에너지가 필요하다는 인식에서 경험된다. 신체 예산을 재분배하고 무리하게 에너지를 끌어오는 과정에서 실제로 무거운 짐을 진 것만 같은 힘겨운 내수용감각을 느낀다.

부담감은 신체 예산을 재분배함으로써 맡은 일을 효율적으로 처리하는 기능을 한다. 맡은 일을 혼자 감당할 수 없다면 주위의 도움을 요청하는 계기가 되기도 한다. 따라서 일의 중요성, 시급성과 감당 가능한 정도의 힘겨움은 기필코 해내겠다는 의지로 이어질 수 있지만, 일의 지나치게 높은 난이도와 자신의 능력을 벗어나는 힘겨움은 포기와 절망으로 이어진다.

인간은 사회적 존재이기에 자신이 속한 집단으로부터 역할과 의무를 요구받는다. 개개인이 주어진 역할을 잘 수행해야 사회가 효율적으로 기능하므로, 사람들은 자신이 수행해야 할 일에 책임감을 느낀다. 보통 책임감은 맡은 일을 충실히 수행하게 만드는 동기가 되지만, 자신이 원하는 일이 아니거나 책임감이 지나치면 부담감이 될 수 있다. 지속적으로 부담스러운 일을 맡는 것은 몸과 마음에 긴장과 스트레스를 일으켜 개인과 사회에 바람직하지 않은 결과를 초래할 수 있다.

'피하고 싶다'는 부담감 vs '해야겠다'는 의무감

개인이 수행해야 할 역할에 대한 힘겨움이 '부담감'이라면, '의무감'은 개인의 힘겨움과는 별도로, 수행해야 하는 일의 중요성에서 오는 감정이다. 개인적으로는 기꺼운 일이 아니라 해도 다른 이들과 공동체를 위해 내가 맡아야 하고 또 완수해야 하는 일은 의무감으로 다가온다. 부담감이 그 일을 피하고 싶다는 회피 동기와 연결된다면, 의무감은 부담스럽지만 해내야 한다는 마음이기에 신체 예산을 재분배(심기일전)하고 그 일을 하겠다는 동기(접근 동기)로 이어진다.

문화적 맥락으로 보는 부담감

사회적 존재로서의 인간이 수행해야 할 일들 중에는 개인의 능력을 초월하는 것들도 있다. 이러한 관점에서 부담감은 어떤 문화, 어떤 사회에서나 경험되는 감정일 것이다. 하지만 문화에 따라 사회적 역할과 역할 수행에 대한 가치가 다를 수 있다. 독립적 개인들의 계약에 의한 역할 수행을 강조하는 개인주의 문화에서는 자신이 맡은 일에 대한 책임감(responsibility)이, 집단 구성원으로서의 정체성을 강조하는 집단주의 문화에서는 의무감(sense of duty)이 중요하게 여겨질 것이다.

♥ 이 감정, 어떻게 표현하고 이해할까

부담감은 보통 힘겨운 표정과 난감한 몸짓 등으로 나타난다. 드러낼 수 없는 부담감이 지속되면 불안과 우울 등으로 이어지기도 한다. 사회적 맥락에서 부담감의 표현은 자신은 그 일을 맡을 능력이 부족하거나 여유가 없다는 의미로, 사양이나 거절의 표현이 된다. 직접적인 거절이 결례로 받아들여질 우려가 있을 때 종종 사용되는 방식이다.

아무 사이도 아니라면
실망할 일도 없다

상대에게 이해받지 못하는 아쉬움, 서운함

A와 B는 사귄 지 얼마 안된 연인 사이다. A에게 B는 첫 여자 친구였기에 A는 B와 다른 연인들이 한다는 것은 모두 해 보고 싶었다. 손잡고 거리를 거닐고, 같이 영화를 보고, 마주 앉아 밥을 먹고, 집까지 데려다 주는 일 같은 것들 말이다. 어느 날 A가 집까지 데려다 주겠다고 하자 B가 자신은 남자 친구에게 그렇게까지 의지하고 싶지는 않다며 거절했다. A는 알았다고 했지만 몹시 서운한 마음이 드는 것은 어쩔 도리가 없었다.

서운함

마음에 아쉽거나 섭섭함
섭섭함, 고까움, 야속함

서운함은 어떤 사람이 자신의 기대에 미치지 못해 아쉬운 감정이다. 기대가 충족되지 못할 때의 일반적 감정이 '아쉬움'이라면 서운함은 친밀한 사람의 행동이 기대에 미치지 못할 때의 감정이다. 지극히 당연하거나 명확한 일에 대한 기대가 충족되지 못했을 때는 실망감과 분노를 느끼지만, 화를 내며 정색하고 따지기엔 뚜렷한 명분이 없거나 그러고 싶지 않을 때 '서운하다'고 표현한다.

생물학적 속성 및 기능

서운함의 내수용감각은 '아쉬움'이나 '슬픔'과 유사하다. 안타깝고 속이 상하며 무력한 느낌이 든다. 기대하지 않았던 일로 신체 예산의 혼란이 발생하지만 실망감이나 분노와는 달리 그 에너지가 향할 방향이 명확하지 않아 힘이 빠지는 느낌이다.

서운함은 사회적 맥락에서 경험되는 관계적 맥락의 감정이다. 가족, 친지, 친구, 연인, 배우자 등 친밀한 관계에 있으며 평소에 어느 정도 이상의 기대를 갖고 있을 만한 대상이 나의 기대에 미치지 못하는 행동을 했을 때 우리는 서운함을 느낀다.

누군가에게 서운함을 느낀다는 것은 관계에 문제가 생겼다는 뜻이다. 이때 서운함을 표현하여 사과 및 재발 방지 약속을 받는다면 손상된 관계를 회복할 수 있다. 하지만 서운함을 표현하지 않으면 상대방은 자신이 무슨 잘못을 했는지 끝까지 모를 수 있다. 그리고 이러한 일들이 반복되면 결국 관계가 소원해진다.

서운함에 약한 분노가 섞인 '섭섭함'

서운함에는 '아쉬움'과 함께 '섭섭함'이라는 감정이 포함된다. 섭섭함 역시 상대방에 대한 기대가 충족되지 못한 데서 경험되는 감정이지만 아쉬움보다는 '불만'이나 '못마땅함'이 강조된다. 즉, 서운함이 실망감의 표현에 가깝다면 섭섭함은 실망감에 약한 수준의 분노가 섞인 감정이다.

상대가 나의 기대에 미치지 못했지만 상대의 입장도 어느 정도는 이해되고, 또 화를 내고 사과를 요구하기도 애매한 상황에서는 '서운함'을 느끼지만, 상대의 행동이 이해도 안 될뿐더러 그의 잘못이 명백해서 실망감이 더 크다면 '섭섭함'을 느끼게 된다.

언짢은 감정을 나타내는 '야속함'과 '고까움'

야속(野俗)함 역시 무정한 행동이나 그러한 행동을 한 사람이 섭섭하게 느껴져서 언짢다는 감정을 나타내는 말이다. 언짢음의 강도로 따져 본다면 '서운<섭섭<야속'으로 점점 커지는 느낌이다. '야속한 사람'과 같이 그러한 행동을 한 사람을 수식하는 표현으로 쓰이기도 한다. 섭섭하고 야속하다는 뜻의 '고까움(고깝다)' 역시 그러한 행동을 한 사람에 대한 언짢음을 표현하는 말이다.

문화적 맥락으로 보는 서운함

서운함은 한국의 대표적인 문화적 정서로 반드시 한국 문화의 맥락과 한국인 심리에 기반해서 이해해야 한다. 가까운 사이의 상대가 당연히 어떤 일을 해 주리라 기대하는 상황에서 그 기대가 충족되지 않으면 상대에 대한 실망감 또는 배신감을 느낀다. 이는 어떤 문화의 사람들이나 보편적으로 느끼는 감정이다. 그러나 그러한 실망감이나 배신감으로 분노를 그대로 표출하면 그간 쌓아 온 관계가 흔들리거나 자신에 대한 평판이 안 좋아질 수 있다. 이러한 경우 자신의 아쉬움과 실망의 감정을 표현하면서도 관계 손상은 방지하는 감정이 바로 '서운함'이다. 한국인들은 가깝고 소중한 사람으로부터 서운하다는 말을 들으면 미안해 하며 사과를 하거나 자기 잘못을 보상하려고 한다. 그러면 상대의 실망감이 해소되면서 둘 사이의 관계는 더욱 돈독해질 것이다.

한편 상대에 대한 반복적인 실망 또는 상대의 명백한 부주의는 '섭섭함'을 불러일으킨다. 섭섭함에는 약한 수준의 분노와 슬픔을 동반한 감정 표현이 뒤따르며, 비언어적인 분노 표현(삐침)이 나타나기도 한다. 상대방이 나에게 섭섭해 한다고 느낀다면 사과 및 보상행동이 이어져야 관계를 회복할 수 있다. 이때의 사과 표현은 서운함보다 좀 더 강하고 명확해야 한다.

♥ **이 감정, 어떻게 표현하고 이해할까**

상대방의 서운함은 아쉽거나 슬픈 표정으로, 섭섭함은 슬프고 약간 화가 난 표정으로 알 수 있다. 서운함이나 섭섭함은 직접 말로 표현하기는 구차하고, 말로 표현하기 전에 상대방이 먼저 알아주기를 바라는 감정이므로 비언어적 단서에 주목할 필요가 있다.

또한 한국 문화에서는 개인이 주관적으로 인식하는 관계에서도 서운함(또는 섭섭함)이 발생할 수 있다. 다시 말해, 나는 상대를 그렇게 생각하지 않지만 상대는 나를 친밀한 관계로 인식하고 뭔가를 기대하고 있을지도 모른다는 것이다.

꼴도 보기 싫지만
관계를 깨고 싶지는 않아

기대에 어긋난 상대에 대한 실망과 분노, 미움

A와 B는 대학의 같은 동아리 부원이다. 같은 과 같은 학번이라 처음부터 친한 사이였지만 동아리 일을 하면서 서로 부딪치는 일이 많아졌다. 주로 A의 고지식한 성격 때문에 갈등이 일어났다. 사소한 의견 차이에도 A는 자신의 의견을 고집했고 그러다 얼굴을 붉히기까지 했다. 결국 두 사람은 대화도 하지 않는 지경에 이르렀다. 몇 년 후, 군대에 다녀온 A는 지난날을 후회하며 B에게 진심으로 사과했고, B는 "그땐 네가 참 미웠어."라는 한마디와 함께 A의 사과를 받아 주었다.

미움
하는 짓이 마음에 들지 않고 싫음

미움은 호오(好惡) 차원의 감정이다. '싫다(싫음)'가 어떤 대상에게나 일반적으로 표현할 수 있는 감정이라면, 미움은 대개 사람에게 한정된, 그것도 어느 정도 나와 관계가 있는 사람에 대한 감정이다. 내가 아는 사람이 기대에 어긋난 행동을 할 때 밉다고 하지, 처음 보는 사람이 싫은 짓을 한다고 해서 밉다고 하지는 않는다.

생물학적 속성 및 기능

미움의 생물학적 반응은 '혐오' 그리고 '분노'와 유사하다. 하지만 역겨움과 메스꺼움, 몸에 묻은 더러운 물질을 떨쳐 버리고 싶은 느낌 등의 강렬한 감정보다는 꺼림, 외면(보기 싫음) 정도의 반응을 유발한다. 몹시 밉다고 해도 역겨움이 동반되는 경우는 드물다. 대신 미움은 분노를 포함한다. 어느 정도 관계가 있는 사람의 행동이 그에 대한 나의 기대와 믿음을 충족시키지 못했다는(마음에 들지 않는) 데서 오는 실망과 분노다. 누군가가 미울 땐 씩씩거리거나 눈을 흘기고 때로는 눈물을 흘리기도 한다.

미움은 상대에 대한 기대가 깨졌을 때의 실망이 분노로 이어진 감정이다. 미운 상대는 꼴도 보기 싫다는 감정으로 연결되는데(미움의 다른 뜻), 진화적으로 기대를 번번이 깨는 개체와는 장기적으로 관계를 맺지 않는 것이 바람직하다. 그런 사람과 가까이 지내면 생존에 불리해질 수 있기 때문이다.

한편 누군가가 밉다는 것은 그와의 신뢰 관계에 갈등이 생겼다는 뜻이다. 따라서 미움을 느끼고 표현하는 것은 갈등을 해결하고 관계를 회복하려는 행동으로 이어진다. 이러한 행동은 궁극적으로 생존에 도움이 된다.

심리적 관여에 따라 구분되는 '싫음(惡)'과 미움

싫음이 일반적인 불호의 감정이라면 미움은 심리적 관여가 있는 대상에 대한 불호의 감정이다. 싫음은 선호, 취향의 대상이라면 무엇에든 통용되지만 미운 대상은 일단 내가 알고 있어야 하고 어떤 수준이든 기대를 갖는 대상이어야 한다. 그러한 기대는 자연이나 무생물이 아닌, 제 의지로 행동할 수 있는 대상에 갖게 된다. 물론 자연이나 무생물에도 감정을 이입하면 '소풍 날인데 비가 오다니 하늘 밉다!'와 같이 표현할 수도 있다.

미움의 하나인 '얄미움'

얄미움은 미움의 하나로, 누군가가 매우 약고 영리하여 마음에 들지 않는다는 뜻이다. 예를 들면, 이해타산이 빠르고 영리하면서도 또 어떤 이들에게는 다정하게 대한다든가 하는 사람(물론 아는 사람)에 대해 느끼는 감정이다. 똑부러지게 제 할 일을 다 하는 사람(주로 아이들)에게 "얄밉게도 참 잘하네."와 같이 칭찬의 의미로 쓰기도 한다.

문화적 맥락으로 보는 미움

미움은 특정 관계에 있는 대상에 대한 불호의 감정으로, 한국 문화에서는 관계의 질을 표현하는 세부적 감정이라 할 수 있다. 나와 어느 정도 관계가 있는 상대에 대해 믿음과 기대가 어그러졌을 때 미운 마음이 들고 보기도 싫어진다. 반면, 그러한 관계에 있는 상대가 미덥고 기대를 충족시켜 주면 긍정적인 감정이 들고 보면 기분이 좋아지는데, '밉다'와 대응해서 이런 마음을 '곱다'라고 한다.

대표적으로 '미운 정 고운 정'이란 말이 있다. 정(情)이 들 만큼 오래 아는 사이고 서로에 대한 기대도 있지만 긴 시간을 함께하면서 좋았던 만큼 서로 실망할 일도 쌓였을 그런 관계를 일컫는 말이다.

♥ **이 감정, 어떻게 표현하고 이해할까**

미움은 주로 분노로 표현된다. 그러나 공격을 동반할 만큼 격렬한 분노가 아니라 같이 있기 싫거나 꼴도 보기 싫다는 식의 소극적 분노다. 미운 사람이 옆에 오면 고개를 획 돌린다든가 몰래 눈을 흘기거나 하는 식이다. 이러한 행위 양식을 흔히 '삐침'이라고 한다. 물론 미움이 커질수록 분노 표현도 세진다.

한편 관계 회복을 목적으로 할 때 '밉다'는 말을 직접적으로 쓴다. 따라서 '너 밉다'는 말을 들었다면 행동을 반추해 보고 뭘 잘못했는지 생각해서 상대의 기분을 풀어 줄 필요가 있다.

부러워하는 마음이
미움이 되지 않도록

부러움 때문에 남을 미워하는 시샘

A는 오랫동안 임용에서 떨어지고 있었다. 교수가 되겠다는 목표를 갖고 노력한 지도 거의 10년이라는 시간이 지났다. 비슷한 시기에 박사학위를 받은 친구들은 이미 다 교수가 되었고 언제부터인가 서너 살 이상 차이 나는 후배들의 임용 소식까지 들려오기 시작했다. 그러던 어느 날, 거의 10년 차이의 후배가 꽤 이름 있는 대학의 교수가 되었다는 소식을 듣고 A는 잠을 이룰 수 없었다. 평소에 매우 가깝게 지냈던 후배였건만, 급기야 A는 그 후배가 밉다는 마음까지 들었다.

시샘

부러움이 지나쳐 남을 미워하고 싫어함
jealous, envy, 시기, 질투

시샘은 남을 부러워한 나머지 그 사람이 미워지는 감정이다. 시샘은 '비교'에서 발생한다. 사람들은 사회적 존재이기에 어떻게든 다른 사람들과 자신을 비교하게 되는데(사회 비교), 비교의 방향에 따라 상향 비교와 하향 비교로 나뉜다. 상향 비교는 자신보다 더 나은 조건에 있거나 더 좋은 것을 가진 사람과의 비교이고, 하향 비교는 자신보다 못한 조건에 있거나 좋지 못한 것을 가진 사람과의 비교이다. 이러한 비교의 방향에 따라 다른 감정이 발생한다. 상향 비교에는 부정적 감정이, 하향 비교에는 긍정적 감정이 드는데, 시샘은 상향 비교 시의 감정이라 할 수 있다.

생물학적 속성 및 기능

남을 시샘할 때의 내수용감각은 '사촌이 땅을 사면 배가 아프다'는 속담에서 알 수 있듯 '배 아픔'으로 경험된다. 실제 복통의 고통까지는 아니겠지만 누군가 심하게 부러울 때에는 초조(속이 타는 느낌)해지거나 속이 불편한(안타까운, 언짢은) 느낌이 든다.

시샘은 상향 비교에서 생기는 감정인데, 자신이 못 가진 것을 가진 대상에 대한 미움(불호)을 포함하므로 부정적 결과를 낳을 수 있다. 시샘의 대상을 미워하거나 하는 일마다 훼방을 놓고 다른 사람들에게 그의 험담을 하는 등의 공격 행위가 나타날 수 있다.

상대에 대한 공격이 이어진다는 점에서 시샘은 분노의 일종이다. 분노가 자신의 소유를 침해당한 것에 대한 반응이라면, 시샘은 상대가 가진 것을 '내 것에 대한 침탈'로 받아들이는 데서 오는 분노라 할 수 있다. 학술적 개념으로 '상대적 박탈감(relative deprivation)'이 있다.

사회 비교를 통한 시샘은 누구나 느낄 수 있는 자연스러운 감정이지만, 시샘을 드러내는 것은 바람직하지 않다. 분노와 공격으로 이어지는 시샘은 타인의 권리를 침해하거나 공동체의 조화를 저해할 수 있기 때문이다.

시샘과 비슷한 듯 다른 '부러움'

시샘(시기, 질투)과 부러움은 같은 맥락, 즉 둘 다 상향 비교에서 발생하는 감정이다. 그러나 시샘이 자신보다 더 나은 상황에 있는 이에 대한 미움과 공격으로 이어지는 반면, 부러움은 내가 갖지 못한 것을 가진 그 사람처럼 되고 싶다는 바람으로 이어진다.

어떤 사회에서나 상향 비교의 감정은 부정적이며 그 감정을 드러내는 것이 바람직하게 여겨지지 않는다. 구성원들 간의 관계를 중요시하는 문화가 자리 잡은 한국에서는 이러한 상향 비교의 부정적 효과를 중화시키는 방법을 활용하는데 그것은 바로 '부러움'을 표현하는 것이다. 시샘(시기/질투)은 보통 말로 잘 표현하지 않지만, 부러움은 언어적으로 표현한다. "나는 네가 가진 능력/외모/소유물 등이 부러워." 라고 말하는 것이다.

부럽다는 말의 뜻은 내가 못 가진 것을 가진 네가 밉고 네가 가진 것을 빼앗겠다는 것이 아니다. 좋은 것을 가지고 있는 상대를 칭찬함과 동시에 나도 그런 것들을 갖겠다는 의지를 돋우는 표현이다. 이러한 속성 때문에 문화심리학에서는 부러움을 '무해한 선망'으로 규정한다.

문화적 맥락으로 보는 시샘

시샘, 즉 시기와 질투는 문화를 막론하고 명백히 부정적인 감정으로 평가받는다. 구성원들 사이의 부정적 감정은 부정적 결과로 이어질 수 있는데, 특히 '질투(envy)'는 서양 문화에서 7대 죄악 중 하나로 꼽힐 만큼 사회적 금기에 해당한다. 이는 동양 문화, 그리고 한국에서도 마찬가지다. 이웃의 경사는 축하하는 것이 미덕이며 질투와 시샘은 바람직한 행위가 아니다. 하지만 한국에는 시샘과는 조금 다른 맥락으로 사용되는 '부러움'이라는 개념이 있다.

♥ 이 감정, 어떻게 표현하고 이해할까

시샘(시기, 질투)은 분노로 표현되는 경향이 있다. 표정을 굳히고 눈을 무섭게 뜨며 노려보거나 씩씩거리며 공격 반응을 나타낸다. 혹은 내면으로 침잠하여 우울에 빠지기도 한다. 시샘이나 시기, 질투를 본인이 직접 말로 표현하는 경우는 드물지만, 만약 말로 표현한다면 부러움의 표현과 같은 맥락일 때다. "질투 난다.", "아유, 샘나." 하는 식의 경우는 부러움과는 달리 눈을 살짝 흘기는 등 약간의 분노 표현이 수반될 수 있지만 문화적으로 허용되는 수준이다. 한편 부러움은 거의 말로 표현되는 편이다. 속으로 혼자 느끼는 부러움은 상대적 박탈감과 다르지 않다. 부러움은 분노보다는 나도 그것을 갖고 싶다는 바람과 아쉬움으로 표현된다. 부러움 표현은 칭찬의 역할을 하므로 웃는 듯한 표정과 온화한 행동으로 나타난다.

고독을 즐기는 것도
과하면 해롭다

애착 대상과 분리될 때의 고통, 외로움

직장인 A는 일 때문에 고향을 떠나 직장 근처에서 자취 중이다. 한동안 새로운 업무에 익숙해지느라 정신없이 지냈지만, 어느 정도 직장 생활에 익숙해지고 나니 홀로 돌아오는 빈집이 쓸쓸하게 느껴지기 시작했다. A의 일상은 아무도 없는 집에서 혼자 일어나 밥을 먹고 집을 나섰다가 혼자 집으로 돌아오는 삶이었다. A는 퇴근하고 돌아오면 가장 먼저 TV를 켠다. TV에서 흘러나오는 사람 소리라도 듣고 있으면 외로움이 좀 덜어지는 느낌이 들기 때문이다.

외로움

혼자가 되어 적적하고 쓸쓸함
loneliness/solitude, 고독

외로움은 인간의 기본적인 사회적 욕구(애착, 교류)가 충족되지 못했을 때의 감정이다. 생존을 위해 타인의 존재를 필요로 해 온 인간의 몸은 그러한 과정을 거쳐 지금의 모습으로 진화했다. 따라서 무리에서 혼자 떨어져 있으면 외로움을 느낀다.

생물학적 속성 및 기능

외로움은 애착 대상과 분리될 때의 고통과 관련이 있다. 이러한 고통은 엔도르핀이 급격하게 감소함에 따라 나타나는 것으로 알려져 있다. 사랑하는 사람과 헤어지거나 그를 잃었을 때, 집단에서 따돌림을 당할 때 사람들은 흔히 '가슴이 저미거나', '애끊는', '팔다리가 잘려 나간 듯한' 고통으로 묘사한다. 연구자들은 이러한 사회적 단절의 상황에서 신체적 고통과 연관된 전전두피질이 실제로 활성화된다는 것을 밝혀냈다.

외로움을 느끼면 사회적 관계의 결핍이 생기는데 결과적으로는 생존 가능성을 높여 준다. 사람은 외롭다고 생각하면 누군가를 만나려고 한다. 사회적 교류가 사람을 심리적으로 더 건강하게 만들고 더 많은 생존의 기회를 제공할 것이다. 심리학자 에릭슨에 의하면 부모와 교육기관을 떠나 본격적으로 사회적 삶을 시작하는 20대 청년들은 그들이 새롭게 적응할 환경에서 필요한 사회적 기술을 연마해야 한다. 이러한 새로운 역할에 적응하지 못하면 '고립감(isolation)'을 경험하게 된다.

사회 안에서의 외로움, '고립감'

고립감은 사회적 역할을 수행하는 데 있어서의 외로움을 뜻한다. 여러 사람 속에서 나름의 일을 하며 살아가지만 어디에도 속하지 못하고 누구에게도 친밀감을 느끼지 못하는 감정이다. 외로움이 혼자 있을 때 사회적 관계에서 분리된 느낌이라면 고립감은 사회적 상황 속에서 느끼는 부적절감이라 할 수 있다.

외로움이나 고립감보다 나쁘지 않은 '고독'

외로움(loneliness)이나 고립감(isolation)은 고독(solitude)과 구분된다. 영영사전에 따르면, 고독은 혼자이지만 부정적이지 않은 느낌을 뜻한다. 외로움과 고립감이 타인들에게서 분리되었을 때의 결핍감이라면 고독은 혼자여도 괜찮은, 혼자이기 때문에 느낄 수 있는 실존적인 감정이다. 외로움은 몸과 마음의 건강에 악영향을 미치지만, 현대사회의 개인에게 스스로를 자각하고 돌아볼 수 있는 고독은 가끔씩 필요하다.

문화적 맥락으로 보는 외로움

인간은 사회적 존재이므로 외로움은 문화와 관계없이 보편적 감정이다. 그러나 문화에 따라 민감하게 여겨지거나 중요하게 생각되는 외로움의 종류는 다를 수 있다. 일례로 고독은 개인주의 문화에서 의미가 큰 감정이라 할 수 있다. 고독은 독립적인 개인으로서 스스로 삶을 꾸려 가야 하는 개인주의 문화에서 개인이 자신의 존재를 느끼는 방식과 관련된 감정이다.

한국에서는 외로움과 고독의 뜻을 크게 구분하지 않지만, 최근 개인의 독립적 삶이 중요해지면서 고독의 새로운 의미가 주목받고 있다. 물론 집단의 조화가 중요한 집단주의 문화나 관계 속에서 살아가는 관계주의 문화의 구성원들에게도 자신을 돌아보고 관계에서 생기는 피로를 풀 시간은 필요하다.

한편 사회적 관계에서 오는 감정은 온도(내수용감각)로 지각된다. 많은 사람들 속에서 친밀한 감정이 오갈 때 한국 사람들은 '따뜻하다/훈훈하다'라고 하며, 무리에서 떨어져 혼자 있을 때 '쓸쓸하다(춥다)'고 표현한다. 실제로 기온이 낮은 날 많은 사람과 함께 있으면 따뜻하고 혼자 있으면 추운 것에서 비롯된 표현이다. 인정이 없고 감정 표현이 적은 사람을 '쌀쌀맞다/차갑다/냉정하다'고 묘사하는 것도 같은 맥락이다. 이러한 경향은 영어권(worm/cold) 등 많은 문화권에서 보편적으로 나타난다.

♥ **이 감정, 어떻게 표현하고 이해할까**

외로움을 느끼는 사람은 고립되어 있는 경우가 많다. 사회적 맥락에서 고립감을 느끼는 이들은 불안이나 초조를 경험할 수 있다. 교류를 원하는 이들은 무리 지어 모여 있는 사람들의 근처를 맴돌거나 대화하는 사람들과 눈을 맞추려 한다. 만약 외로움을 느낀다면 고립에서 벗어나 사람을 만나고 대화하는 편이 좋다. 성격적인 문제로 타인에게 먼저 다가가는 일이 불가능하다면 전문가의 도움을 받아야 한다. 고독을 즐기는 사람들은 타인의 관심을 원하지 않거나 불편해 한다. 이들은 외로운 것이 아니다. 하지만 지나친 고립은 심리적 건강뿐 아니라 인지에도 악영향을 미친다. 본인의 정신 건강을 위해서라도 정기적으로 사람들을 만나고 감정적 교류를 이어 나가는 것이 바람직하다.

쥐구멍에라도 들어가고 싶은 마음이 들 때에는

몸 둘 바를 몰라 안타까움, 난처함

대학생 A는 얼굴이 빨개진 채로 지도교수 앞에 서 있었다. 친구에게 보내려던 문자를 실수로 지도교수에게 보냈기 때문이다. 면담을 약속한 시간에 교수는 자리에 없었고 A는 친구에게 문자로 욕을 섞어 가며 푸념을 했는데, 그 문자를 지도교수에게 잘못 보낸 것이다. "받는 사람이 누군지 확인도 안 하고 문자를 보냈단 말이야?!" 지도교수는 노발대발하며 A를 몰아세웠고 어떻게 해야 할지 모르는 난처함에 A는 연신 죄송하다는 말만 반복했다.

난처함

이럴 수도 저럴 수도 없어 처신하기 어렵고 안타까움
embarrassed, 난감함, 어색함, 멋쩍음

난처함(난감함)은 '당혹감(당황스러움)'과 비슷한 감정으로, 사회적 기대에 어긋나거나 상황에 맞지 않게 행동했을 때 '난처하다, 난감하다'라는 말을 쓴다.

'당혹감/당황'은 그러한 일이 벌어진 직후의 놀람에 초점이 맞춰진 감정이라면, '난처/난감'은 일어난 일을 받아들이고 난 뒤 해야 할 행동에 초점이 맞춰진 감정이라 할 수 있다. 또한 '당황/당혹감'은 자의식이 개입된 감정으로 수치심과 유사하다면, '난처함/난감함'은 해당 상황에서의 사회적 처신과 관련되어 보다 복잡한 요인들이 개입되는 감정이다.

생물학적 속성 및 기능

난처함의 내수용감각은 불편함과 거북함으로 나타난다. 숨이 가빠지거나 얼굴이 붉어지며 속이 거북하거나 식은땀이 날 수 있다. 이럴 수도 저럴 수도 없기 때문에 빨리 그 상황을 벗어나고자 하는 초조함이 반영된 느낌이다.

자신의 행동이 사회적으로 부적절하거나 타인의 기대를 충족시키지 못했다는 것을 인지했을 때 '몸 둘 바를 모른다(難處하다)'고 표현한다. '어찌할 바를 모른다, 몸 둘 바를 모른다'는 감정에 해당하는 난처함은 통제감 상실과 관련이 있다. '난감(難堪)하다'는 말은 '견디기 어렵다' 또는 '감당하기 어렵다'는 뜻으로 역시 통제감을 잃는 상황과 연관된다.

하지만 난처/난감한 상황은 통제감을 완전히 상실했다기보다는 일시적으로 통제감이 제한되는 상황에 가깝다. 예를 들어, 뭔가 할 수는 있지만 자기 권한 밖의 일이라든가, 한다고 해 보았지만 더 나은 결과를 기대할 수 없는 경우 등에 해당한다. 때문에 통제감 상실은 우선 수치심을 불러일으키는(당혹/당황) 반면, 이러한 경우(난처/난감)는 부적절감(불편감)으로 지각되는 것이다.

난처함의 표현은 사회적인 기능을 수행한다. 난처/난감함을 드러내는 것은 상대방의 기대에 부응하지 못한 것이 자신의 잘못이나 책임이 아니라는 뜻이다. 중요한 상대로부터 거절하기 힘들지만 들어 줄 수 없는 부탁을 받았을 때 자신의 상황을 설명하면서 난처함을 표현한다면 상대방의 이해를 구하기 쉬울 것이다.

주로 난처한 상황을 표현하는 '어색함, 뻘쭘함'

말문이 막힌다는 뜻의 '어색(語塞)하다'는 말도 어찌할 바를 모르겠다는 난처함/난감함과 대동소이한 표현이다. 다만 '어색함'은 주로 행동이나 옷차림, 모양이나 격식, 관습, 상황에 맞지 않아 어울리지 않고 부자연스럽다는 의미로 사용된다. 감정을 표현하는 말로도 쓰이지만 보통 상황이나 타인의 행동을 묘사하는 경우에 쓰인다. '뻘쭘함'은 난처하고 어색한 상황을 표현하는 말이지만 때로 그러한 상황에서의 감정을 뜻하기도 한다.

문화적 맥락으로 보는 난처함

난처함/난감함은 '당혹감(embarrassed)'이 문화적으로 세분화된 감정이라 생각된다. 상황에 맞지 않는 행동이나 사회적 기대에 부응하지 못하는 상황은 자의식을 불러일으키고 당혹감을 유발한다. 여기까지는 문화 보편적으로 나타나는 과정이다.

그러나 집단 내의 평판과 인간관계가 중요한 집단주의 또는 관계주의 문화에서는 그러한 상황을 어떻게 해결하고 모면하느냐가 관건이 된다. 따라서 당혹감이 어떠한 일의 발생 직후 사건의 의미를 자신과 관련하여 해석한 자의식적 감정이라면, 난처함/난감함은 그 상황에서 적절한 행동을 취해야 한다는 사회적 압력이 추가된 감정이라 할 수 있다.

집단주의 또는 관계주의 문화에서는 난처함의 표현 뒤에 의례적으로 사과가 덧붙는 경우가 많다. 그렇게 해야 상대방에게 자신이 예의 바르고 사회적으로 적절한 행동을 하는 사람이라는 인상을 줄 수 있기 때문이다.

♥ **이 감정, 어떻게 표현하고 이해할까**

난처함/난감함은 당황스러움의 반응과 유사하지만 보다 사회적 메시지를 담는다. 당황스러움이 방금 일어난 사건이 자신의 의도가 아님을 놀람과 부끄러움으로 전달한다면, 난처함/난감함은 탄식과 한숨(어… 음… 어휴…), 멋쩍은 웃음, 어깨를 으쓱거리면서 손을 들어 올리는 몸짓 등으로 자신은 할 수 있는 일이 없으며('어쩌죠?') 거기에는 어떠한 악의도 없고 자신의 책임 또는 잘못도 아님을 드러낸다.

묘하게 신경 쓰이고 불편한 마음의 정체

명확히 설명할 수는 없지만 감지되는 변화, 위화감

A와 B는 고등학생 때부터 가깝게 지내 온 절친이다. 둘은 같은 대학에 진학했고 취미도 같아서 함께 보내는 시간이 많았다. A에게 여자 친구가 생긴 뒤에도 셋이 어울려 놀거나 술을 마시는 일이 많았다. 그러던 어느 날, A가 며칠 동안 일 때문에 다른 지역에 다녀온 뒤로 세 사람의 분위기가 달라졌다. 둘이 무슨 이야기를 하고 있다가도 A가 나타나면 어색한 침묵이 흐를 때가 많았다. 겉으로는 평소와 다를 바 없어 보였지만 A는 뭔지 모를 위화감을 느꼈다.

위화감

조화롭지 못한 느낌
어색함, 부조화함

 위화감(違和感)은 무언가 조화롭지 못하다는 느낌이다. 전체적인 조화를 해치는 데서 오는 불편감을 말하는데, 일상적으로 많이 쓰는 표현은 아니다. 누가 봐도 명백하게 알 수 있는 차이가 조화를 해칠 때가 아닌, 느낌이나 분위기가 미묘하게 달라졌을 때 '알 수 없는 이유로 위화감을 느꼈다'는 식으로 쓰인다.

생물학적 속성 및 기능
 뚜렷한 원인이 아니라 식역하(subliminal) 수준에서의 부조화가 불러일으킨 감정이기 때문에 신체적 반응도 미묘하다. 위화감의 내수용감각은 굳이 말하자면, 불편하고 신경 쓰이는 느낌 정도라 할 수 있는데, 위화감이 커지면 언짢고 불쾌한 느낌으로, 더 커지면 짜증과 화로 발전할 수 있다.

 위화감은 미묘하게 신경 쓰이는 불편함으로 지각되기 때문에, 사람들은 위화감이 느껴지면 부조화한 느낌의 원인을 찾아 제거하려 한다. 옷차림에서 위화감이 느껴진다면 옷의 코디나 색깔을 바꾸고, 벽지나 가구 배치가 어딘가 부조화하여 신경 쓰인다면 마음이 편해질 때까지 그것을 조정할 것이다.

 위화감은 위험이나 불안 요소 때문에 생길 수도 있다. 세상에는 인간의 능력으로 명확히 지각되지는 않지만 감각기관을 통해 계속 들어오는 수많은 자극(식역하 자극)들이 존재한다. 위화감은 이렇게 들어온 정보들이 보내는 신호일 수 있다. 살아가는 환경에서 미묘한 위화감을 느낀 사람은 하던 일을 멈추고 위험의 근원을 찾아 그것을 제거하여 생존 가능성을 높일 것이다.

문화적 맥락으로 보는 위화감

위화감은 원뜻대로 잘 쓰이지 않는다. 보통 '느낌이 이상하다'거나 '싸하다'는 식으로 표현되는데 특히 한국에서는 또 다른 맥락에서 위화감이 표현된다. 보통 뉴스에서 '일부 부유층들이 터무니없는 과소비를 할 때 서민들이 위화감을 느낀다'는 식의 멘트를 들을 수 있는데, 이로 미루어 볼 때 한국 문화에서의 위화감은 상대적 박탈감과 거의 같은 의미로 쓰인다는 것을 알 수 있다.

위화감을 언급하는 뉴스는 일부 부유층들의 지나친 과소비와 화려한 생활이 문제라는 뉘앙스가 포함된다. 즉 이때의 위화감은 그들의 행동이 사회의 조화를 해쳤다는 뜻이다. 따라서 언론에서 자주 사용하던 '위화감'이라는 표현은 일부 부유층들의 행동을 자제시키고 다수 서민들의 상대적 박탈감을 완화시키는 기능을 해왔다. 상향 비교를 통한 상대적 박탈감은 시기, 질투 등 사회 구성원들을 향한 적대적 감정과 행동으로 이어져 사회 유지를 어렵게 할 수 있기 때문이다.

한국이 경제적으로 급성장하던 80년대에 많이 등장한 표현으로 IMF 이후 급성장이 마무리되고 오히려 양극화가 심해지면서 최근에는 별로 들을 수 없게 된 표현이다. 사회 변화에 따른 개인주의의 성장으로 개인의 부는 개인의 몫이라는 생각이 커지면서 방송에서도 위화감이라는 표현은 점차 사라지게 되었다. 그러나 사람들이 경험하는 상대적 박탈감과 불공정에 대한 인식까지 사라진 것은 아니다. 위화감과 상대적 박탈감, 불공정에 대한 지각은 한국인들의 마음 습관과도 밀접한 관련이 있다.

♥ **이 감정, 어떻게 표현하고 이해할까**

미묘한 부조화로 인한 불편감이라는 의미의 위화감은 '의혹'과 '탐색'으로 표현된다. 위화감을 느낀 사람은 왜 이런 감정이 드는지 당황하며 그 이유를 찾으려 할 것이다. 고개를 갸웃거리고 주변 사람들에게 이유를 묻거나, 의심스러운 눈으로 찬찬히 주위를 살펴보는 등의 행동이 뒤따른다. 문화적 의미의 위화감은 상대적 박탈감에서 비롯되며 시샘, 시기, 질투로 표현될 수 있다. 또는 소속감이나 일체감을 느꼈던 집단에 대한 실망과 분노가 포함된 감정일 수도 있다.

4
Chapter

The Emotions of Koreans

자기 입장에서 해석하는 자의식 감정

자의식 감정은 행위의 주체인 자기(self)가 개입된 감정이다. 경험을 자신의 입장에서 재해석하고 의미를 부여하여 내린 평가에 대해 다시 느끼는 감정이라 할 수 있다. 모든 감정에는 어느 정도 주체의 해석이 개입되지만 자의식 감정은 특히 그러한 속성이 강한 감정이다. 자의식 감정은 주관적 해석이 발달한 한국인의 감정 경험과 밀접하다. 이를테면, 서글픔은 중요한 무언가를 상실한 자신의 처지에 대한 슬픔이라 할 수 있고, 서러움은 부당한 일을 겪고도 아무것도 할 수 없는 자신에 대한 연민이 포함된 감정이다. 여기서는 흐뭇함, 후련함, 부끄러움, 아쉬움, 서글픔, 서러움 등 25개 감정에 대해 알아본다.

나의 느긋함이
너를 초조하게 만들 때

서두를 일 없는 여유로움, 느긋함

A교수는 유난히 수업이 많았던 이번 학기의 종강을 드디어 맞았다. 14개의 수업, 총 29학점의 강의를 마치고 600명이 넘는 학생들의 성적을 내고 나서야 여유가 생긴 A교수는 오랜만에 느긋하게 여유를 즐기고 있었다. 늦잠을 자고 늦은 아침을 먹은 후 커피 한 잔을 들고 집 근처 천변을 천천히 걸었다. 며칠 지나면 다시 계절학기가 시작되지만 쉴 때는 쉬어야겠다고 생각하면서 모처럼 느긋한 하루를 보냈다.

느긋함

조급하거나 서두르는 기색 없이 여유로움
여유로움, 태평함

느긋함은 '조바심'과 반대의 감정이다. 조급하거나 서두르지 않고 여유로운 상태의 마음을 뜻한다. '편안함' 및 '평온/평안/안온함'과 유사한데, 느긋함은 여유(餘裕)로움이 강조된다.

생물학적 속성 및 기능

느긋함은 안정적이고 평화로운 시기가 지속되어 자신이 가지고 있는 시간이나 자원, 능력 및 체력, 심리적 에너지가 쓰고도 남을 만큼 풍족하다는 지각에서 나온다. 항상성이 잘 유지되어 편안함을 느끼며, 신체 예산도 넉넉하게 분배되어 만족스럽고 기분 좋은 상태다.

느긋함은 자신의 자원이 풍족하다는 주관적 판단에서 비롯된 감정으로, 매사를 서두르지 않고 여유롭게 처리하도록 해 준다. 심리적 여유가 없다면 늘 시간에 쫓기고 불안에 떨며 초조한 나날을 보낼 것이다. 능력, 기술, 체력, 심리적 에너지(자존감) 등 자신이 가진 것들에 대한 믿음이 있는 사람들은 시간적인 여유가 없거나 초조한 경쟁 상황에서도 마음의 여유를 확보할 수 있다.

한편 느긋함의 표현이 여러 가지 사회적 기능을 수행하기도 한다. 바쁘고 정신없는 상황에서 리더가 보여 주는 여유는 구성원들을 안심시켜 조직의 효율성을 증대시킬 수 있고, 경쟁 상황에서 드러내는 느긋함이 오히려 상대를 초조하게 만들어 실수를 유발하는 등 경기력에 영향을 줄 수도 있는 것이다.

느긋할 때 생기는 '너그러움'

'너그러움'은 마음이 넓어 감싸는 행위를 묘사하는 말로 그러한 감정을 뜻하기도 한다. 마음이 느긋하면 너그러워진다. 느긋하다는 것은 심리적으로 여유가 있다는 뜻이다. 심리적 여유가 있는 사람은 덜 까다로운 기준으로 상대를 평가하고 자신의 것을 나누기도 한다. 너그러움은 유순하고 인정이 많다는 의미로, 성격을 묘사하는 맥락에서도 사용된다. 너그러움의 반대말로는 '완고함, 인색함' 등이 있다.

문화적 맥락으로 보는 느긋함

느긋함과 조급함은 성격에서 비롯될 수 있다. 천성적으로 느긋한 사람이 있는 반면, 지켜야 할 원칙이 많고 매사가 잘 조직되어 있어야 하는 강박적 성격의 소유자들은 느긋함보다 조바심을 많이 느낄 수 있다.

문화 차원에서 느긋함과 조급함은 불확실성 회피 성향과 관련 있다. 사회심리학자 홉스테드가 제안한 문화 이해의 차원 중 하나인 불확실성 회피(uncertainty avoidance)는 불확실한 상황에서의 행동 전략을 예언한다. 불확실성 회피 성향이 큰 문화의 사람들은 바쁘고 조바심을 내며 공격적으로 행동하는 경향이 있고, 불확실성 회피 성향이 낮은 문화의 사람들은 행동이 여유롭고 심지어 게으르다는 인상마저 풍긴다.

홉스테드의 연구에 따르면 그리스, 이탈리아, 스페인 등 남유럽 국가 사람들의 불확실성 회피 점수가 높았고, 미국이나 서유럽 국가 사람들의 점수는 낮았다. 아시아 국가 사람들의 점수는 중간 이하로 낮은 편이었으나 한국과 일본의 경우 예외적으로 높게 나타났다.

'빨리빨리'로 유명한 한국인들은 매사에 조급하고 조바심을 내는 편이다. 이는 빠른 속도로 국가 발전을 이루어 오면서 어떤 목표를 설정하고 그것을 달성해 왔던 역사와 관련이 있을 것이다. 이러한 습관 덕분에 한국은 어느 나라보다도 빨리 발전할 수 있었지만, 조급하고 불안하며 공격적이고, 행복하지 못한 마음을 갖게 되었다.

♥ **이 감정, 어떻게 표현하고 이해할까**

느긋함은 여유로운 표정과 자세 등 비언어적 단서로 드러난다. 미소를 띠고 있으며 부산스럽거나 바쁘지 않고 느릿하고 신중하게 움직인다. 하던 일을 멈추고 딴청을 피우거나 헛기침을 하며, 콧노래를 부르고, 휘파람을 불기도 한다. 때로 의도적으로 느긋함을 연출할 때에는 이러한 표정이나 자세, 행동을 더욱 과장한다.

지나친 기쁨의 표현이 문제가 된다면

기대가 충족되어 만족스러움, 흐뭇함

A는 요즘 헬스장에서 PT를 받고 있다. 처음에는 운동이 몸에 익지 않아 힘들어 했지만 시간이 지나면서 A의 몸은 탄탄해져 가고 있었다. 점점 근육이 붙어 가는 몸을 보며 A도 만족스러워 했지만 누구보다 흐뭇해 하는 사람은 A의 트레이너 B였다. "처음 뵀을 때는 너무 마르시고 힘도 없으셔서 잘하실 수 있을까 걱정했는데 지금 너무 잘 따라오고 계세요." A를 볼 때마다 B의 얼굴에는 흐뭇한 미소가 떠나지 않았다.

흐뭇함

만족스러워 불만이 없이 푸근함
satisfying, 탐탁함, 기꺼움, 만족, 흡족

흐뭇함은 기쁨의 일종으로 문화적 감정이다. 원했던 결과를 얻게 된 것에 대한 일반적인 반응이 기쁨이라면, 흐뭇함은 기대 수준 대비 기쁨의 정도와 관련이 있는 감정이다. 즉, 흐뭇함이란 기대를 어느 수준 이상 충족했을 때의 기쁨이라 할 수 있다.

생물학적 속성 및 기능

기쁨은 보상계의 작용에서 오는 짜릿함과 흥분감을 동반하며 클수록 더 표현하고 싶어지는 감정이다. 그러나 흐뭇함은 펄쩍펄쩍 뛰고 소리를 지를 정도의 큰 기쁨이 아니라, '푸근하다'는 뜻에서 알 수 있듯이 부드럽고 편안한 수준의 흥분도를 갖는다. 예상치 못한 횡재처럼 기대 수준을 한참 뛰어넘은 결과에 대한 기쁨이라기보다는 기대 수준이 적당히 충족된 정도에서 느끼는 감정(만족감)이라 할 수 있다. 흐뭇함은 약간의 흥분과 저절로 지어지는 미소를 동반한다. 콧노래나 만족의 탄성('흐음…')이 나오기도 한다.

흐뭇함은 본질적으로 기쁨과 같은 기능을 한다. 우리는 기대가 충족된 후의 만족감을 다시 경험하기 위해 흐뭇했을 때의 경험을 하도록 동기화된다. 흐뭇함은 타인이 명백하게 알아차리기 어려운 수준으로 표현되기 때문에 개인적, 자의식적 기쁨이다. 하지만 모든 흐뭇함이 개인적인 것만은 아니다. 사회적 맥락에서는 흐뭇함의 표현이 훌륭한 의사소통 수단이 되기도 한다. 부하를 잘 칭찬하지 않던 상사가 어느 날 흐뭇한 미소를 짓는다면 그것이 더없는 칭찬이 되는 것처럼 말이다.

자신에 대한 만족감에 가까운 '보람'

흐뭇함이 여러 가지 이유에서 비롯되는 일반적인 만족감이라면 '보람'은 어떤 일을 한 뒤에 얻어지는 만족감을 뜻한다. '보람'은 원래 눈에 띄게 드러나는 표적이나 다른 물건과 구별하기 위해 해 두는 표식을 가리키는 말이었다. 즉, '보람 있다'는 말은 해 놓은 일이 눈에 띈다, 표가 난다는 뜻이었다. 세월이 흐르면서 어떤 일의 결과가 눈에 띄게 두드러져 마음이 흡족한 상태를 가리키는 말로 쓰이게 되었다.

자신뿐 아니라 다른 사람의 일로 만족한 경우에도 흐뭇함을 느낄 수 있지만, 대개 자신이 한 일에 대한 만족감이 들 때 보람을 느낀다. 다른 사람에게 보람을 느끼는 경우라 할지라도 자신이 자식을 잘 키우거나, 다른 이가 잘 되는 데 자신이 실제로 어떤 기여를 했을 때처럼 자신이 한 일이라는 생각이 개입된다.

문화적 맥락으로 보는 흐뭇함

흐뭇함은 기쁨을 표현하는 문화적 맥락에서 비롯된다. 우선 개인의 성취보다 집단의 조화를 중시하는 집단주의 문화에서 지나친 기쁨의 표현이 절제되는 경향이 있다. 자신의 성취 및 소유에 대한 지나친 자랑은 다른 사람의 시기와 질투를 불러일으킬 수 있으며 관계의 질을 저하시켜 궁극적으로 집단의 결속력을 떨어뜨릴 수 있기 때문이다.

또한 사회적 지위나 역할과 관련하여 개인적 기쁨을 지나치게 표현하는 것이 문제가 될 수 있다. 사회적 지위가 높은 이들의 가벼운 행동은 체통이 없다는 평가로 이어질 수 있고, 교사나 지휘관 등의 역할을 맡은 이들이 특정인을 향해 지나친 만족감을 표현하는 것은 공정하지 못한 일로 여겨지기도 한다.

♥ **이 감정, 어떻게 표현하고 이해할까**

흐뭇함은 주로 무의식적으로, 비언어적으로 표현된다. 숨길 수 없는 미소, 입에서 새어 나오는 만족의 감탄사, 자기도 모르게 으쓱거려지는 어깨 등이 흐뭇함의 표현이다. 기쁨이 만족감보다 더 큰 경우를 '흡족(洽足)하다'고 하는데, 만족이 기대 수준을 가득 채우다 못해 흘러넘쳤다(洽: 적실 흡)는 뜻이다. 한국 문화에서는 흐뭇함이 흘러넘칠 지경이 되면 흥(興)으로 표현되는 경향이 있다. 의도적으로 타인에게 흐뭇함을 표현할 때는 눈을 마주치며 미소를 짓거나 어깨를 두드려 주는 등의 행동으로 나타나기도 한다.

삶의 재미를 찾는 것도 균형이 필요하다

꿀맛 같은 즐거움, 재미

초등학생 A는 학교 미술 수행평가로 목판화 작업을 하는 중이었다. 공부보다 유난히 미술에 관심이 많은 A는 남들이 하지 않는 특별한 방법으로 작품을 만들고 싶었다. 다들 파기 쉬운 음각(윤곽선을 파내는 방식)으로 하는데 A는 양각(윤곽선만 남기고 나머지를 파내는 방식)을 선택했다. 그래서 다른 친구들보다 작업이 어려운 것은 물론이고, 시간도 서너 배는 더 걸렸다. 결국 A는 주말을 꼬박 판화 작업에 매달리게 되었지만 그 재미에 푹 빠져 시간 가는 줄도 몰랐다.

재미

아기자기하게 즐거운 기분이나 느낌
한자어 '자미(滋味)'에서 유래

재미는 '좋아함(好)'과 '즐거움(樂)'의 감정이다. '재미'는 원래 자양분이 많고 맛 좋은 음식을 가리키는 '자미(滋味)'에서 나온 말로, 오늘날에는 어떤 일을 할 때의 즐거운 기분을 표현하는 말로 쓰인다. 어떤 일을 하는 과정에서 경험되는 즐거움(樂)의 한 종류로, 소소하고 세부적인 과정까지 즐거운 것을 '재미있다'고 한다.

생물학적 속성 및 기능

'신선놀음에 도낏자루 썩는 줄 모른다'는 속담처럼 사람들은 재미있는 일을 하다 보면 시간 가는 줄도 모른다. 하는 일에 주의가 집중되어 다른 감각이 끼어들 여지가 없다. 피곤함도 잊고 심지어 그 일을 하는 자신도 의식하지 못한 채로 일 자체에만 몰입한다. 이런 측면에서 긍정심리학 개념인 '몰입(flow)'의 속성과 유사하다.

어떠한 일에 재미를 느낀다는 것은 그 일을 수행할 행동력과 지속력을 얻을 수 있다는 뜻이다. 시간의 흐름, 피로감도 잊고 어떤 일에 매달리게 되면 그만큼 성과도 기대할 수 있다. 따라서 사람들은 삶에서 재미를 찾으려 한다.

일단 관심이 있는 일에서 재미를 느낄 수 있다. 그러나 사람들이 재미를 느끼는 분야는 제각각이다. 자신의 본업에서 재미를 찾는 사람도 있고 어떤 사람은 취미 활동에, 어떤 사람은 도박 같은 것에 재미를 느낀다. 재미를 찾는 일에 있어 중요한 점은 '균형'이다. 자신도 잊을 만큼 몰입하게 되는 재미의 속성 탓에 본업이나 사회적 역할, 건강 등에 문제가 생기지 않도록 주의해야 한다.

문화적 맥락으로 보는 재미

어떤 일을 한 번 시도해 보는 것(try)을 한국어로는 '맛을 보다'라고 표현한다. 한 번 해 본 것이 전부라면 '맛만 봤다'고 하고, 생소한 일이지만 한 번쯤 해 봐야 한다는 말을 '맛은 봐야지'라고 한다. '재미'는 해 보니 감칠맛이 있어(유쾌하고 즐거워서) 계속 하고 싶은 것을 뜻한다. 그 외에도 재미가 있어 보여 한번 해 보고 싶은 것을 '구미(口味 – 입맛)가 당긴다'고 하고, 흥(興)이 날 만큼 재미가 있는 것을 '흥미(興味)'라고 하며, 정말 재미있어서 유명해진 것을 '진미(珍味)'라고 하는 등의 표현이 있다. 최근에도 매우 재미있는 것을 '꿀잼'이라고 하는 등 맛 표현의 역사는 유구하다.

맛이란 음식을 씹어 삼켰을 때의 감각이다. 한국인들은 어떠한 경험을 받아들이는 과정을 먹는 것으로, 자신이 그 경험에 부여한 의미를 맛으로 표현하는 경향이 있다. 한국어에는 재미와 관련된 표현 외에도 여러 종류의 맛으로 감정을 표현하는 말들이 있다.

♥ **이 감정, 어떻게 표현하고 이해할까**

재미는 "재미있어!", "꿀잼이야." 등의 말로도 많이 표현되지만, 말로 표현하는 것도 잊을 만큼 큰 재미를 느끼는 경우도 있다. 따라서 어떠한 일에 몰입한 자세와 태도로 그가 느끼는 재미의 정도를 유추할 수 있다. 시간 가는 것도 잊고 무언가에 몰입해 있다면 대단한 재미를 느끼고 있다는 뜻이다. 재미있는 일에 대한 몰입이 깨졌을 때에는 '흥(興)이 깨졌다'고 표현하며 아쉬움과 실망, 분노가 뒤따르기도 한다.

두려움과 맞서 싸워야 할 때 필요한 것

두려움을 무릅쓴 투쟁심, 용기

A는 어린 시절 옆집 개에게 물린 이후 거의 공포증 수준의 두려움을 갖게 되어 성인이 되어서도 개를 무서워한다. 여느 날처럼 아이를 데리고 시장에 다녀오던 A는 줄이 풀린 개 한 마리가 아이를 향해 달려오는 것을 보았다. 도움을 청하려고 주위를 둘러보아도 A의 아이와 개 사이에는 아무도 없었다. 어느새 아이 앞까지 달려온 개가 이빨을 드러낸 순간 A는 소리를 지르며 아이 앞을 막아섰다. 어디서 그런 용기가 났는지 A는 똑바로 개를 노려보며 개 주인이 목줄을 들고 달려올 때까지 아이를 지켰다.

용기

기운차고 씩씩한 기운
courage

용기는 투쟁과 관련이 있는 감정이다. 보통은 자신의 영역이나 소유를 침해당했다는 분노가 투쟁으로 이어지지만, 용기는 분노와는 다르다. 분노가 침해에 대한 반응으로 일어나는 감정이라면 용기는 두려움(공포)를 무릅쓰는 과정에서 의도적으로 불러일으키는 감정이다.

생물학적 속성 및 기능

어려운 일이 닥치거나 위험한 상황을 맞으면 교감신경계가 활성화되고 투쟁-도주 반응이 나타난다. 이러한 신체적 반응은 보통 '분노(투쟁)'나 '공포(도주)'로 경험된다. 사람들이 용기를 내기 전에는 우선 공포를 느꼈을 가능성이 크다. 몸이 덜덜 떨리고 가슴이 마구 뛰며 숨이 가빠 오지만 싸워야 하기에 의도적으로 신체 예산을 재편성하는 과정에서 용기가 솟는다.

용기가 충천하면 오히려 정신이 맑아지고 주의가 집중되며 심박수와 호흡도 어느 정도 돌아오고 기분이 좋아진다. 이러한 상태가 되는 것은 아드레날린의 역할 때문인 것으로 추정된다. 위험에 처하면 부신수질에서 분비되는 아드레날린이 심박수와 혈당, 혈압을 증가시켜 우리의 몸을 위험에서 벗어날 수 있게 해 줄 뿐더러, 짜릿한 흥분 상태를 일으킨다. 때로는 인위적으로 용기를 내기 위해 큰 소리를 지르거나 발을 구르고 자신의 몸을 때리며 신체 반응을 끌어올리기도 한다.

어렵고 위험한 상황을 선호하는 사람은 없다. 보통은 피할 수 있으면 피하고 싶어 한다. 그러나 도주나 회피가 항상 정답은 아니다. 때로는 두려움과 맞서 싸워야 할 때도 있다. 특히 사회를 이루고 살아가며 끊임없이 보이지 않는 가치를 좇는 인간은 질 것이 뻔한 상황에서도 싸움에 임하는 존재다. 인간은 사회 유지와 집단의 영속, 내가 사랑하는 이들과 내가 옳다고 믿는 가치를 위해 용기 내도록 진화해 왔는지도 모른다. 동물도 짝이나 새끼를 지키기 위해 강한 적에게 맞서 싸우지만 인간처럼 종교나 사상, 종족을 위해 무모한 싸움을 하지는 않는다.

대부분의 사회에서 가치 있는 것을 지키기 위해 위험을 무릅쓰고 용기를 내는 사람은 높게 평가받으며, 그렇지 못한 이들은 겁쟁이로 비난받는다. 한편 가치 없는 일에 두려움을 모르고 위험을 무릅쓰는 것은 용기가 아닌 '만용(蠻勇)'이라 하며 만용을 부리는 사람은 좋은 평가를 받지 못한다. 용기 있다는 말은 두려움이 없다는 뜻이 아니다. 진정한 용기란 두려움에도 불구하고 위험과 맞서는 데 있다.

문화적 맥락으로 보는 용기

모든 문화에서 용기는 바람직한 가치지만, 여러 가지 이유로 특히 용기를 숭상하는 문화가 있다. 산맥과 강 등 자연 경계선이 없어 주변 세력들과 끊임없이 전쟁을 해야 했던 유목민족이나 식량 및 부족한 자원을 약탈로 해결했던 바이킹과 왜구 등이 그렇다.

유목문화 지역에는 명예를 지키기 위해 공격성의 표출이 정당화되는 명예의 문화가 있고, 전쟁과 죽음이 일상이었던 바이킹에게는 전투 중에 죽은 전사는 발할라에서 영원토록 먹고 마시며 즐긴다는 믿음이 있다. 왜구들의 나라 일본에도 '삶은 벚꽃처럼 화려하게 피었다가 벚꽃이 흩날리듯 아름답게 죽는 것'이라는 삶과 죽음에 대한 독특한 신념 체계가 있다. 언제든 나가 싸워야 할 전사들이 죽음을 두려워해서는 곤란하기 때문이다.

♥ 이 감정, 어떻게 표현하고 이해할까

용기는 두려움이 없어서 생기는 것이 아니라 두려움을 이겨 내는 데서 생겨난다. 용기를 내는 사람은 두려움을 느끼면서도 굳세게 맞서는 모습을 보인다. 용기를 북돋기 위해 소리를 지르거나 발을 구르고 손뼉을 치는 등의 행동을 하기도 한다. 같은 편이 많으면 더 용기가 난다. 때로는 겁쟁이로 보이지 않기 위해 억지로 용기를 내기도 한다.

10년 묵은 체증이 한 번에 가시는 쾌감

막혔던 속이 뻥 뚫리는 감각, 후련함

A는 10년째 박사과정 중에 있다. 직장을 다니면서 박사과정을 시작했고 빨리 논문을 쓰고 싶었지만 일과 학업을 병행하느라 어느새 10년이란 시간이 훌쩍 지나 버렸다. 빨리 학위를 받아야 한다는 생각은 오랜 시간 동안 A의 가슴을 짓눌러 왔다. 굳게 마음먹고 힘겹게 학위논문을 준비할 때마다 회사나 가족에 일이 생겨서 번번이 실패로 돌아가며 미뤄졌던 것이다. 그러다 천신만고 끝에 A는 드디어 논문 심사에 통과하여 박사학위를 받게 되었고, 말 그대로 10년 묵은 체증이 내려간 듯한 후련함을 느꼈다.

후련함

맺혔던 일이나 답답하던 것이 풀려서 시원함
relieved, 해방감

후련함(후련하다)은 맺혔던 일이나 답답하던 것이 풀려서 시원한 감정이다. 실제 내수용감각에서 비롯된 표현이 감정 표현으로 확장된 사례다.

생물학적 속성 및 기능

후련함은 내수용감각에서 비롯된 표현으로, 체했던 속이 풀리고 얹혔던 것이 싹 내려갔을 때의 느낌 또는 거추장스럽고 답답한 옷가지를 껴입고 있다가 벗어던진 느낌에 해당한다. 위험이나 불쾌한 것이 없거나 사라진 상황으로 부교감신경계가 활성화된 편안한 느낌과 그러한 상태가 즐겁다는 평가가 결합된 감정이다.

사람들은 오래된 걱정거리가 해결되거나 골칫덩어리가 사라졌을 때, 답답한 상황에서 벗어났을 때 후련함을 느낀다(해방감). 한(恨)이 풀려 신명을 느낄 때도 '후련하다'는 표현을 쓴다.

후련함이 주는 상쾌함은 불쾌하고 찜찜한 상태에서 벗어날 동기를 제공한다. 멀미가 나 속이 좋지 않을 때 차에서 빨리 내리고 싶은 것, 감당할 수 없는 일로 부담감을 크게 느낄 때 이를 빨리 해결하고 싶은 것과 같다. '개운함'이나 '홀가분함'도 마찬가지다. 쾌감에 속하는 감정들은 불쾌한 느낌을 없애고 쾌감에 도달하려는 일종의 동기가 된다.

후련함은 사회적으로는 잘 활용되지 않는 내적인 감정이다. 자신과 관련된 일에 후련함을 느낄 수는 있으나 후련함 등을 일부러 드러내어 상대의 특정 반응을 유도하는 경우는 거의 없다는 뜻이다. 물론 누군가가 후련한 표정을 하고 있는 상황이나 그 누군가가 후련함을 느끼는 대상을 통해 그의 심사를 추론해 볼 수는 있을 것이다.

일상의 상쾌한 느낌, '개운함' 그리고 '시원함'

'개운함'은 자신의 몸 상태에서 느껴지는 내수용감각이다. 잘 자고 일어나서 피로감이 완전히 사라지고 날아갈 것 같은 기분, 또는 따뜻한 물로 목욕을 해서 더러움도 씻어 내고 피로도 풀리는 상쾌한 느낌과 같은 것이다. 같은 이유에서 찜찜하거나 마음에 걸리는 것 없이 일이 잘 풀리는 상태, 또는 마음에 걸리는 점이 있다가 사라진 상태에서 개운함을 느낀다. 특히 개운함은 주로 모호하고 불확실한 느낌(찜찜/껩껩함)이 해소된 뒤의 느낌을 묘사할 때 사용된다.

개운함이 일상에서 느낄 수 있는 상쾌함이라면 후련함은 막히고 답답했던 것이 한동안 계속되다가 드디어 해소되는 순간의 쾌감이라 할 수 있다. 한편 '시원함'은 외부의 온도에서 느껴지는 감각에서 비롯된 표현이다. 하지만 감정 표현으로 쓰이는 시원함은 개운함보다 좀 더 청량함이 강조된, 신체 에너지가 막힘없이 콸콸 흐르는 느낌을 준다. 특히 한국인들은 갈증 날 때 마시는 탄산음료처럼 톡 쏘면서도 뻥 뚫리는 느낌을 '시원하다'(통쾌함)라고 표현한다.

후련함 뒤에 따라오는 '홀가분함'

'홀가분함(홀가분하다)' 역시 근심이나 걱정 등이 해결되어 상쾌하고 가뿐하다는 뜻이다. 후련함이 부담에서 벗어난 순간의 쾌감이라면, 홀가분함은 부담에서 벗어난 그 상황이 여유롭고 즐겁다는 감정이라 할 수 있다. 한편 홀가분함은 주로 얽매였던 관계나 부담스러운 일에서 벗어나 자유롭다는 맥락으로 쓰인다.

문화적 맥락으로 보는 후련함

걱정 근심과 불안, 해결되지 않은 문제에서 오는 답답함 및 찜찜함을 많이 느끼는 한국인들에게 후련함류의 감정(홀가분함, 개운함, 시원함)은 매우 중요하다. 한국 문화에서는 미해결된 감정의 응어리들을 '한(恨)이 맺혔다'고 하고, 맺힌 것이 풀려 시원하고 막힌 것이 없는 상태를 '신명(신바람) 난다'고 표상한다.

♥ 이 감정, 어떻게 표현하고 이해할까

후련함(개운함/시원함/홀가분함)은 개인적으로 표현되며 다른 사람들은 개운함을 느끼는 이의 표정이나 행동으로 그 감정을 이해할 수 있다. 언어적, 비언어적 표현이 모두 사용된다. 표정, 몸짓 등 비언어적 표현은 실제 신체적인 감각을 느낄 때와 같다. 한편 다른 사람과 같은 이유로 느끼는 후련함은 특유의 시너지를 낸다. 경기장에서 많은 사람들과 스포츠 경기를 함께 보면 더 신나는 이유다. 신명이 집단화(신바람)되는 이유이기도 하다.

자기 가치를 회복하기 위한 지혜의 감정

자기 가치의 극대화로 인한 기쁨, 신명

A교수는 강의 중에 가끔 신명이 오를 때가 있다. 눈을 반짝거리며 자신의 이야기를 들어 주는 사람들, 때로는 크게 웃으며 감탄사를 내뱉는 청중들과 실시간으로 소통하는 느낌. 이해하고 공감해 주는 분위기 덕에 A교수는 더욱 적극적으로 표현하며 열강을 하게 되고 그럴수록 청중은 강의에 더욱 빠져든다. 그럴 때면 A교수는 시간의 흐름도 느껴지지 않고 피곤하다는 생각도 들지 않는다. 강의실은 너와 나의 구별조차 없는 딴 세상이 된 것만 같다. 가끔씩 이런 강의를 하고 나면 A교수는 역시 직업을 잘 선택했다는 생각을 하곤 한다.

신명

홍겨운 멋이나 기분
신, 신바람

신명은 한국의 대표적 문화적 감정 중 하나로, '한(恨)'이 한국의 문화적 감정 중 가장 부정적 감정이라면 신명은 가장 긍정적인 감정의 표상이다. 신명은 한과 관련 있다. 따라서 단순히 즐겁고 기쁘다고 해서 모두 신명으로 분류되지는 않는다. 한은 자기 가치의 손상과 관련된 경험이다. 다시 말해 신명은 손상된 자기 가치가 회복되거나 막힘없이 잘 구현되는 경험에서 비롯되는 감정이다.

생물학적 속성 및 기능

신명은 지극한 기쁨이다. 즐거워서 설레는 정도가 아니라 가슴이 터질 듯하고 온몸이 떨리는 환희가 느껴진다. 신명이 나면 힘이 넘쳐 무슨 일을 해도 지치지 않는 상태가 된다. 또한 주변 사람들에게 쉽게 전이되며 신명에 빠진 사람들은 이러한 상태에서 오랫동안 기쁨을 표출한다. 자신의 감정과 주변인들과의 공감으로 완전한 일체감과 몰입을 느끼며 이때는 시간의 흐름도 몸의 피로도 느껴지지 않는다. 이러한 상태는 일상적인 감정과 체력의 범위를 초월하는 것으로 진정 신령이 내린 듯하다는 의미에서 '신명(즉, 신神)'이라는 이름이 붙었다.

신명은 일상에서 누적된 부정적 감정들을 배출하고 새로운 에너지를 충전하는 계기가 된다. 극도의 슬픔이나 공포와 마찬가지로 극도의 쾌감과 흥분은 일종의 배설(카타르시스) 효과가 있으며,

그러한 기쁨과 흥분을 표현하기 위한 다양한 표현 행동들을 통해 억압된 욕구들을 분출하는 과정에서 자신도 미처 몰랐던 내재된 에너지를 발견하게 된다. 실제로 한국 문화에는 신바람이 나면 무엇이든 할 수 있다는 인식이 깔려 있으며, 이러한 점 때문에 신명은 한국인들의 '불가사의한 에너지'의 원천으로 알려져 왔다. 실제로 여러 기업에서 신명(신바람)을 적용한 기업 문화 운동 등이 시도되기도 했다.

한편 한(恨)의 해소에서 신명이 비롯된다는 점에 신명의 진정한 심리적 의미가 있다. 즉, 자기 가치의 회복 또는 실현이 신명으로 이어진다는 것이다. 자신의 삶에서 소외되기 쉬운 현대인들에게 자기 자신을 인식하고 자신의 가치를 실현하는 것은 삶의 주체로 서기 위해 반드시 필요한 일이다.

신명과 엄밀하게 구분되는 '흥(興)'

'흥(興)'은 재미나 즐거움이 일어나는 감정으로 한국 문화에서는 신명과 비슷한 맥락에서 사용되는 표현이다. 그러나 흥과 신명은 엄밀히 구분되는 개념이다. 일단 흥은 재미나 즐거움이 살살 올라오는 단계를 묘사하는 감정이다. 주로 '흥이 난다', '흥이 오른다'와 같이 표현되며, 흥이 많이 올라서 주체 못할 정도가 되면 '흥겹다', '흥이 넘친다' 등의 표현으로 세분화된다. 반면에 신명은 말 그대로 신(신령 神靈)이 내린 듯한 상태로 일상 수준을 넘은 최대한의 즐거움을 뜻하며, 주로 한(恨)과 대비되는 문화적 의미를 포함하는 개념이다.

문화적 맥락으로 보는 신명

신명은 현대 한국인들이 일상적으로 쓰는 감정 단어는 아니다. 흥(興)은 요즘에도 '흥이 폭발한다'와 같이 현대화된 표현이 있지만, '신명 난다'는 표현은 주로 국악이나 전통놀이의 맥락에서나 간신히 찾아볼 수 있다. 하지만 '신명 난다'와 같은 의미의 '신바람 난다', '신난다'라는 말은 일상에서도 흔히 사용된다.

신(바람)은 한의 해소, 즉 자기 가치의 회복으로부터 일어나는데, 한(恨)이 직접적으로 해소되는 일은 자주 일어나지 않는다. 따라서 한국인들은 인위적으로 신명을 불러일으켜 한을 간접적으로라도 해소하는 방식을 발달시켰다. 어떤 계기를 만들어 웃고 떠들고 춤추고 즐기면서 신명을 끌어올리면서 부정적 감정들을 해소하고 새로 일상을 시작할 수 있는 힘을 충전하는 것이다. 예를 들어, '우리'로 대표되는 공동체로부터 시작되는 전통놀이나 세시풍속에서 볼 수 있는 신명(신바람)이다. 전통적인 공동체들이 사라져가고 날로 개인화, 파편화되어 가는 현대사회에서 다시 생각해 봄 직한 문화이다.

♥ **이 감정, 어떻게 표현하고 이해할까**

흥이나 신명은 주로 비언어적으로 표현된다. 즐거운 표정, 들썩이는 어깨, 자신도 모르게 옆 사람의 감정에 동조되어 같은 행동을 하는 경우(대개 즐거움을 표현하기 위한 행동) 등이다. 때로는 시간 가는 것도 잊고 하는 일에 몰입하기도 한다. 축제나 가수의 콘서트장에서 떼창을 하는 장면을 떠올리면 쉽다.

신명은 대개 집단적으로 경험되지만 개인적 차원으로 경험되기도 한다. 자신의 가치를 표현하는 활동을 하다가 황홀경(엑스터시)에 빠져드는 경우로 긍정심리학의 연구 주제인 몰입(flow) 상태와 유사하다. 그러나 신명은 이 경우에도 주위 사람들과의 공감을 통해 쾌감을 극대화시키고 집단화되는 특성을 갖는다.

적절한 자랑은
삶의 활력이 된다

자신의 가치를 드러내는 기쁨, 자부심

A는 10년 넘게 시간강사로 일하고 있다. 같이 공부하던 친구들은 물론 후배들 대부분은 교수로 임용되거나 좋은 직장에 자리를 잡았다. 매 학기마다 어느 학교에서 어떤 수업을 맡게 될지 모르는 상황이었지만 어느 학교에서나 A의 수업은 수강 신청 기간에 가장 빨리 마감되는 수업으로 이름이 높았다. 그리고 대부분의 학생들은 A의 수업을 좋아했다. 이렇다 할 만한 소속 학교도, 교수 직함도, 연금의 안정감 같은 것도 없지만, A에게는 강의만큼은 자신이 최고라는 자부심이 있다.

자부심

자신의 가치나 능력을 믿고 당당히 여기는 마음
pride, 뿌듯함, 자랑스러움

자부심은 자기개념의 긍정적 측면을 지지하는 긍정적 결과가 사회적으로 인정받았을 때 느끼는 감정이다. 좋은 결과를 얻었을 때의 감정(기쁨)인데 특히 자신과 관련되거나 자신이 한 일에 대한 기쁨을 자부심이라고 한다. 일반적인 기쁨과 또 다른 차이점은 다른 사람들의 인정 여부에 있다. 자부심은 혼자 조용히 느낄 수도 있지만 보통은 다른 사람들의 칭찬이나 찬사와 함께 증폭되는 감정이다.

생물학적 속성 및 기능

자부심의 생물학적 반응은 기쁨과 유사하다. 사회적 인정은 사회적 동물인 인간에게 더없는 보상이 된다. 뇌의 보상계는 도파민의 작용으로 짜릿함과 흥분감을 준다. 기쁨의 일반적인 내수용감각과 달리 자부심은 가슴과 어깨 등 상체의 팽창감으로 느껴지는 경향이 있다. 우리말의 '(가슴이) 뿌듯하다, (어깨를) 으쓱하다'는 표현이 자부심의 경험과 관련된 말이다. 가슴과 어깨는 예로부터 명찰이나 계급장, 견장 등이 부착되는 곳으로 개인의 사회적 지위를 상징하는 신체 부위다. 가슴과 어깨를 한껏 드러내 다른 사람들에게 과시함(자랑)으로써 자신의 우월감을 확인하는 것이다.

자부심은 자의식이 개입된 기쁨이다. 기쁨은 보상계의 작용에 따른 감정으로 특정 행동을 계속할 동기를 제공한다. 자신이 한 일에 한번 자부심을 느낀 사람은 그 일을 계속해서 다시 기쁨을 느끼려고 할 것이다. 기쁨이 생존, 번식, 육아 등 인간의 생물학적 지속을 가능하게 했다면, 자부심은 자신의 가치를 드러내고 인정받는 행위들, 즉 성취와 권력/지배, 창작 등과 관련한 활동들의 원천이 되어 왔다.

자부심의 사회적 기능은 우월감의 표현과 관련 있다. 무언가를 성취하고 자부심을 드러내는 사람은 무리 중에서 눈에 띄고 능력 있으며 우월하게 보인다. 능력 있는 사람은 주변 사람들에게 더 많은 자원과 좋은 조건을 제공해 줄 수 있다. 그런 사람들에게는 자연스레 따르는 무리가 생기고 더 큰 권력을 얻을 기회도 자주 찾아올 것이다.

자부심은 '자존감'을 드러내는 방식

사람에게는 스스로의 가치를 높이 평가하고자 하는 '자존감(self-esteem)'의 욕구와 다른 이들보다 우월하고자 하는 '우월감'의 욕구가 있다. 이는 문화와 관계없는 보편적인 욕구지만 그러한 욕구를 경험하고 표현하는 방식은 문화의 영향을 받는다. 이러한 관점에서 보면 자부심(pride)은 개인주의 문화에서 스스로의 자존감을 경험하고 드러내는 방식이라 할 수 있다.

한국어에는 자부심에 해당하는 말이 없지만 자부심의 표현이라 할 수 있는 행위 양식(우쭐)이 존재한다. 한편 한국 문화에서 자존감을 경험하고 표현하는 방식은 '자존심'이라는 개념으로 이해할 수 있다.

자부심과는 다른 '자신감'

자신감은 어떤 일을 잘 해낼 수 있다는 스스로의 능력에 대한 믿음이다. 자부심은 자신이 해낸 일의 결과나 타인의 인정과 관련된 감정이라는 점에서 자신감과 다르다. 자신감은 단일하게 표현되는 감정이라기보다는 '자신감이 있다/없다' 혹은 '자신감이 든다/넘친다' 등과 같이 크기와 정도를 표현하는 말과 함께 쓰인다.

문화적 맥락으로 보는 자부심

자부심을 적절히 표현하는 것은 특히 개인주의 문화에서 바람직하게 여겨진다. 개인주의 문화란 개인이 자기 행동의 이유를 스스로에게서 찾는 문화를 뜻한다. 따라서 개인주의 문화에서는 타인에게 자신을 드러내고 표현하는 것이 자연스러우며 타인에 비해 능력 있고 자신 있어 보이는 개인들이 매력적으로 평가받는다.

반면에 집단주의 문화에서는 자부심이 바람직하지 않게 여겨질 수 있다. 관계와 조화를 중시하는 집단주의 문화에서 자부심 표현이 '잘난 척'으로 보여 집단의 조화를 저해하는 성격으로 해석될 수 있기 때문이다. 하지만 집단주의 문화에서도 한국 문화는 자부심을 꽤 강조하는 편이다. '남부끄럽지 않은', '남부럽지 않은' 등의 표현에서 알 수 있듯이 한국 문화에서 남보다 더 인정받고 중요한 사람으로 평가받는 일은 매우 중요하다. 한국인들은 자신이 좋은 결과를 얻으면 뿌듯해 하며 으쓱거리고 '우쭐'거리며 자랑하고 싶어 한다. 이러한 특징은 '우쭐'이라는 문화적 행위 양식으로 개념화되어 있다. 물론 한국도 집단주의 문화의 속성이 있는 만큼 정도가 지나치면 비난을 받지만 적절한 수준의 자랑과 우쭐거림은 삶의 활력소가 된다.

한편 자부심의 내수용감각이라 할 수 있는 '뿌듯하다'는 표현은 가슴이 펴지면서 옷 안쪽이 가득 차는 듯한 느낌을 뜻한다. 내 몸의 변화는 나만 알 수 있는 것으로, 이러한 관점에서 뿌듯함은 우쭐처럼 다른 사람 앞에서 뽐내는 느낌이라기보다는 개인적으로 느끼는 자부심에 가깝다.

♥ 이 감정, 어떻게 표현하고 이해할까

자부심의 표현은 전반적으로 기쁨과 유사하지만, 한국 문화에서 자부심은 주로 '우쭐'이라는 행위 양식으로 표현된다. 사회적 지위를 상징하는 신체 부위인 가슴을 내밀거나 어깨를 높이 세우며 고개에 힘을 주는 행동이 나타나며, 지나치면 남을 업신여기는 듯한 표정이나 행동까지 나올 수 있다. 적당한 자부심은 자존감에 도움이 되지만 '벼는 익을수록 고개를 숙인다'는 속담이 있는 나라인 만큼 타인을 배려하지 않는 지나친 우월감의 표현은 거만함으로 받아들여질 수 있다.

상처를 입어야
비로소 드러나는 존재감

자신의 가치에 대한 확신, 자존심

A는 한 대학에서 영어로 학술 발표를 할 예정이었다. 2년의 어학연수 경험이 있던 터라 A는 영어에 어느 정도 자신이 있었다. 게다가 발표 분야는 A의 전공이었기 때문에 평소처럼 하면 될 거라 생각하면서 발표장에 들어섰다. 초반에는 준비한 대로 말이 잘 나왔는데, 중간에 말이 한번 꼬이기 시작하더니 갑자기 A의 머릿속이 새하얘졌다. 당황해서 그런 건지 간단한 표현도 떠오르지 않았다. 결국 A는 얼굴을 붉히며 더듬더듬 간신히 발표를 마무리했다. 뭐라 하는 사람은 아무도 없었지만 A는 무척이나 자존심이 상했다.

자존심

남에게 굽히지 않고 스스로의 가치나 품위를 지키려는 마음

자존심은 한국의 문화적 감정으로 자신의 가치에 대한 평가이자 자기 가치가 평가되는 상황에 대한 행위 양식을 포함하는 개념이다. 일반적으로 평소에는 자존심을 자각하지 않지만 자신의 가치나 품위가 손상되는 경우에 '자존심이 상한다'는 감정으로 지각된다.

생물학적 속성 및 기능

한국인들은 능력 및 잠재력 등 자신의 가치를 실제 능력보다 높이 평가하는 경향이 있다. 이와 관련하여 자신이 타인에게 영향력을 미칠 수 있는 존재라는 자기상(주체성 자기)을 갖게 되는데, 이러한 자신의 가치와 영향력이 제한되는 상황에서 한국인들은 자기상의 심각한 위기를 맞는다. 이것이 바로 '자존심이 상하는' 경우이며 이는 매우 복합적이고 부정적인 감정으로 경험된다.

즉, 한국인들에게 자존심은 늘 높게 유지되어야 하는 것이다. 너무나 당연하기에 평소에는 이 사실을 인지하지 못하지만 '자존심이 상하는' 상황이 되면 격렬한 감정 반응들이 나타난다. 당연한 상태가 깨졌다는 당혹감, 자신의 가치가 침해된 데서 오는 분노, 주변 사람들에 대한 통제감의 상실과 그로 인한 수치심 등이 그것이다. 그리고 '깨어진 평형'을 회복하기 위한 강렬한 동기(오기)가 뒤따른다.

자존심은 스스로의 가치와 품위를 지키는 기능을 한다. 자존심의 유지 체계는 면역체계 작동과 유사하다. 자신의 자존심이 손상되었다는 지각은 그것을 회복하려는 다양한 시도를 낳고, 이는 실제 자기 가치의 회복으로 이어질 수 있다. 자존감이 인간의 신체적, 정신적 건강과 사회적 역할 수행에 미치는 영향을 고려하면, 한국 문화에서 자존심 유지의 동기가 한국인들의 건강과 사회적 적응에 어떤 역할을 해 왔는지 짐작할 수 있다.

그만큼 자존심이 중요하기 때문에 자존심을 지키려는 동기가 역기능적으로도 작용할 수 있다. 우리 주변에는 불필요할 정도로 자존심을 세우려 하거나 손상된 자존심을 회복하려는 동기가 너무나 강해 주변 사람들과 불화를 일으키고 자신의 사회적 역할에 지장을 초래하는 사람들이 많다. 잊을 만하면 언론매체를 장식하는 사건 사고 중에는 '상대가 나를 무시해서', '자존심이 상해서' 저지르게 되는 일들이 적지 않다.

헷갈리기 쉬운 자존심과 자존감

자존심은 심리학의 개념인 self-esteem을 번역한 자존감(自尊感)과 혼동되는 경우가 많으나 반드시 구별되어야 한다. 자존감은 인간에게 기본적으로 존재하는 자기 자신을 높이 평가하려는 경향을 의미하는 학술적인 개념이지만, 자존심은 한국 문화의 일상적 맥락에서 사용되어 온 문화적 개념이기 때문이다. 자기 자신을 높이 평가하려는 경향이라는 측면에서는 자존감과 유사하지만, 자존감(self-esteem)이 인간 보편의 경향성을 의미하는 반면, 자존심은 자존감을 경험하는 한국의 문화적 맥락과 관련된 개념이다. 일부

심리학과 문화에 대한 이해가 일천한 이들이 '자존심은 나쁘고 자존감은 좋다'는 식의 오해를 퍼뜨리고 있는데, 이는 지극히 옳지 않은 견해다.

쉽게 이해하자면, 자존심은 자존감의 하위범주라고 생각하면 된다. 예를 들어, 면 요리에는 잔치국수, 스파게티, 짜장면, 메밀소바 등이 있다. 면 요리가 상위범주이고 잔치국수, 스파게티, 짜장면, 메밀 소바 등이 하위범주다. 개인적인 기호로 잔치국수보다 스파게티가 좋은 사람이 있을 수 있지만, 누구도 잔치국수(자존심)보다 면 요리(자존감)가 낫다고 하지는 않는다. 인간에게는 자신을 높이 평가하려는 보편적인 경향성이 있다(자존감). 그러나 문화에 따라 자존감을 주로 느끼고 경험하는 분야와 맥락이 다르다. 자존심은 한국 문화에서 한국인들이 자존감을 경험하는 방식인 것이다.

'자존심 상함'과 '자괴감, 열등감, 자격지심'

자존심은 주로 그것이 상했을 때 지각되며, 자존심이 상한 감정은 분노, 당혹, 부끄러움, 슬픔, 억울함 등이 뒤섞인 느낌이다. 이때 초점이 자신을 향하여 스스로의 부족함에 부끄러움을 느끼는 것을 '자괴감(自愧感)'이라 한다.

'열등감(劣等感)'은 타인과의 비교 맥락에서 자신을 남보다 못하거나 무가치하다고 평가하는 마음이다. 심리학자 아들러는 인간은 누구나 남보다 우월하고픈 우월의 욕구를 가지지만, 누구든 모든 사람보다 우월할 수는 없기에 기본적으로 열등감을 가진다고 보았다. 즉 열등감은 우월한 타인과의 비교로 자존심이 상한 상태의 감정이라 할 수 있다. 타인과의 비교, 특히 상향 비교가 일반적인 한국에서는 이러한 기본적 열등감에 어떻게 대처하느냐가 중요하다.

'자격지심(自激之心)'은 자신이 한 일에 대하여 스스로 미흡하게 여기는 마음이라는 뜻이지만, 한국 문화에서는 "저 사람 자격지심 때문에 저래."와 같이, 자신의 열등감에서 벗어나지 못하고 계속해서 자신과 다른 사람들을 괴롭히는 이들을 묘사하는 말로 쓰인다. (열등감 콤플렉스) 예를 들면, 학력에 대한 열등감이 있는 사람이 남들의 의도를 곡해하며 사사건건 "내가 못 배웠다고 무시하는 거야?!" "너는 좋은 학교 나와서 날 이해 못해." 식으로 말하며 자신의 열등감을 드러내는 경우다.

문화적 맥락으로 보는 자존심

사회적 맥락과 상대방과의 관계, 개인의 성격에 따라 자존심은 다르게 경험된다. 한국 문화에서는 상대가 나보다 지위가 높거나 나와 중요한 관계라면 그가 나의 자존심을 상하게 해도 화를 내거나 맞서 싸우기 어렵다. 인내심이 있고 장기적인 관점을 가진 사람이라면 일단 그 상황을 넘기고 나중에 부드러운 분위기에서 자존심을 회복하려 할 테지만, 그렇지 못한 사람은 관계가 끊어지고 결국 자신에게 불이익이 될 거라는 사실을 고려하지 않고 적대적이고 공격적인 방식으로 자존심을 회복하려 할 것이다. 어떻게 해도 상황을 바꿀 수 없고 상대방이 지나치게 완고하다면 손상된 자존심은 회복되지 못한 채 영구적인 손상으로 이어진다. 한국 문화에서 한(恨)으로 표상되는 경험 중에는 자존심 손상으로 인한 유형이 존재한다.

자존심은 한국인의 심리를 이해하는 데 반드시 필요한 가장 기본적인 개념이다. 언제부터인지 알 수도 없는 먼 옛날부터 한국인들은 자존심이라는 말을 써 왔고, 그만큼 다양한 맥락과 행위 양식을 갖고 있다. 이러한 측면 때문에 자존심이 나쁜 것이라고 생각하는 사람들도 있지만, 자존심이 한국인들에게는 반드시 지켜야 할 자신의 가치이자 품위인 것만큼은 틀림없다.

♥ **이 감정, 어떻게 표현하고 이해할까**

자존심은 평소에 지각할 수 있는 감정은 아니지만, 사람들은 자존심이 높게 유지되는 상황에서 편안함과 즐거움을 느끼고 이러한 감정을 표현하는 경향이 있다. 반면 자존심이 손상되면 당혹, 수치, 분노, 초조 등과 유사한 반응을 보인다.

불공정과 부당함이 느껴질 때 꼭 필요한 객관화

지각된 불공정에 대한 분노, 억울함

A는 회사에서 이번 승진 대상자로 심사를 받았다. 실적도 좋고 성실하며 동료들의 평도 좋았기에 이변이 없는 한 A의 승진이 확실시되는 상황이었다. 하지만 A가 아닌 B가 승진했다는 발표가 났다. B는 사장의 조카로 회사에 들어온 지 얼마 되지도 않은 사람이었다. 낙하산이라 해도 능력이 뛰어나면 모르겠지만 B는 실적도 신통치 않고 평도 좋지 않은 인물이었다. 화가 난 A는 공식적으로 문제 제기를 하려 했지만 주위 사람들의 만류에 아무것도 할 수 없었다. A는 억울함을 조용히 삭여야만 했다.

억울함

애매하거나 불공정하여 마음이 분하고 답답함
억울(抑鬱), 분(憤)함, 원통(冤痛)함

억울함은 불공정의 지각에서 비롯되는 감정이다. 특히 한국인들은 자신이 경험한 일이 공정하지 못하거나 부당(不當)하다는 생각이 들면 분노와 답답함(억울함)을 느낀다.

생물학적 속성 및 기능

억울의 감정은 '분함'과 '답답함'이다. '분(憤)함'이란 화(분노)의 일종으로 '억울하여 화가 나고 원통하다'는 뜻이다. 이때 '원통(冤痛)하다' 역시 '몹시 억울하여 가슴이 아프다'는 뜻인데, 이로 미루어 '분함'은 억울함으로 인한 분노를 뜻한다는 것을 알 수 있다.

분노는 자신의 영역이나 소유를 침해당했을 때의 반응으로 상대에 대한 공격성을 포함하므로, 투쟁을 위해 교감신경계가 활성화되고 신체 예산이 재분배되는 내수용감각이 일어난다. 또한 억울함에는 '답답함'이라는 감정이 포함된다. 답답함은 재편성된 신체 예산의 갈 곳이 막힌 감각으로 불공정한 상황이 즉시 해결되지 않는 데서 오는 내수용감각이다.

억울함은 불공정에 대한 반응이다. 억울함을 느낀다는 것은 불공정을 지각하여 이를 바로잡을 계기를 마련한다는 점에서 기능적이다. 불공정한 상황을 지각하지 못하거나 지각한다 하더라도 그것을 드러내어 공론화하지 않으면 불공정을 바로잡을 기회도 없을 것이다. 조선 초기부터 설치된 신문고나 임금의 행차 시에 행해졌던 격쟁(擊錚) 등의 제도는 한국인들에게 억울의 해소가 얼마나 중요한 일이었는지를 짐작케 한다.

억울함의 표현은 분노와 답답한 감정을 배출하는 효과가 있다. 분노와 같은 부정적 감정을 제때 표현하지 못하고 쌓아 두면 신체 예산의 분배와 집행을 곤란하게 하여 결국 신체 항상성을 저해하고 신체적, 정신적으로 문제를 일으킨다. 한국의 문화적 정신 병리인 화병(火病)이 바로 그것이다.

억울함과는 다른 감정의 질을 갖는 '우울'

한자어인 억울은 매우 한국적인 감정이다. 한자문화권인 중국과 일본에는 '억울(抑鬱)'이라는 단어가 없다. 감정을 억제한다는 뜻의 억울(抑鬱)은 depression으로 번역되는데, depression은 우울(憂鬱)을 뜻한다. 우울과 억울은 매우 다른 감정의 질을 갖는다. 우울이 슬픔과 무기력, 무망감이라면 억울은 분노와 답답함으로 요약된다.

문화적 맥락으로 보는 억울함

매우 한국적인 감정인 억울함의 가장 문화적인 속성은 상당히 '주관적'이라는 점이다. 억울함은 기본적으로 불공정한 상황에서 경험되지만 그러한 상황은 몹시 '애매'하다. 당사자는 자신이 겪은 일이 대단히 불공정하다고 지각할 수 있지만, 제3자가 보기에는 별로 그렇지 않을 수 있다는 뜻이다. 그러나 한국인들의 감정 경험 방식은 매우 당사자적(주관적)이기 때문에 그러한 일을 겪은 당사자는 본인이 대단히 억울하다고 생각한다. 억울함이란 개인이 지각하는 공정성과 당연함에 대한 침해에서 발생하는 주관적 분노이다.

한국인들의 높은 자기 가치감은 공정과 당연에 대한 인식에 영향을 미친다. 즉, 자신이 그만한 대우를 받을 가치가 있는 사람이기에 자신에 대한 대우가 그에 미치지 못하는 상황에서는 불공정과 부당함, 내 것을 침해당했다는 분노를 느끼는 것이다.(자존심 상함)

이는 상향 비교를 통한 상대적 박탈감을 쉽게 느끼는 원인이다. 따라서 억울함이라는 감정은 반드시 객관화가 필요하다. 자신이 불공정 또는 부당하다고 지각한 상황이 과연 객관적으로 그러한지 아니면 자신만 그렇게 느낀 것인지 확인하지 않으면 매사에 분노와 답답함을 경험하게 될 것이다.

♥ 이 감정, 어떻게 표현하고 이해할까

억울함은 "나는 억울하다!" 식의 언어적으로 표현되는 경우가 많다. 한국 문화에서 억울함의 호소는 특정 사건에 대한 자신의 무죄 또는 책임 없음을 밝히고, 자신이 경험한 불공정하고 부당한 상황을 해결해 달라는 탄원의 의미를 갖는다. 한국의 귀신들이 사또에게 '억울하옵니다'라고 말하는 것도 이러한 이유에서다. 그러나 이러한 억울함은 당사자 입장에서 해석된 것이기에 사또는 상황을 면밀히 살펴 객관적인 판단을 내릴 필요가 있다.

한편 상대방과의 관계나 지위의 차이, 상황의 특수성 때문에 억울함을 표현하지 못하는 경우도 있다. 이때는 분노보다는 눈물, 답답함 등으로 나타나는 슬픔으로 표현된다. 이러한 상황이 지속되면 화병으로 이어지거나, 특정한 심리 과정을 거쳐 한(恨)으로 이행되기도 한다.

남에게 지기 싫은 마음이 나를 성장시키도록

지기 싫어서 내는 에너지, 오기

A는 세상 모두가 나보고 죽으라는 것만 같은 나날을 보내고 있다. 오랫동안 충성했던 회사에서 해고 당하고 아르바이트 겸 시작한 일은 손에 익지 않아 매일 혼나고 핀잔만 듣는 일상이었다. 짐을 내리느라 차를 잠깐 주차해 놓았다가 주차위반 딱지를 끊은 데다 어렵게 찾은 주차 자리에서 평행주차된 차를 밀다가 다른 차와 부딪쳐서 차 주인과 시비까지 있던 날은 정말 최악이었다. 다 포기하고 싶은 마음이 들다가 A의 마음 안에서 갑자기 알 수 없는 오기가 생겨났다. '그러면 진짜 지는 거야.' A는 웃는 얼굴로 차 주인에게 사과하며 명함을 건넸다.

오기

(힘이 달리면서도) 남에게 지기 싫어하는 마음
오기(傲氣)

오기의 '오'는 거만할 오(傲) 자를 쓴다. 말 그대로 '거만한(오만한) 기운'이라는 뜻이지만 실제로는 '남에게 지기 싫어하는 마음'이라는 뜻으로 쓰인다. 이기고 진다는 것은 투쟁을 전제하므로 오기는 분노 및 투쟁과 밀접하다. 자신이 누군가에게 지고 있다는 사실이 분노를 촉발하고, 상대를 물리쳐야 한다는 동기로 연결될 때 오기가 발생한다.

생물학적 속성 및 기능

보통 오기는 상대에게 지고 싶지 않을 때 발동된다. 질 수 없고 져서도 안 되기 때문에 자신의 본래 힘보다 더 큰 힘이 필요하다. 이미 배분된 신체 예산을 무리하게 다시 편성해야 한다. 이 과정은 두려운 상대에 맞서 용기를 불러일으키는 것과 유사하다. 교감신경계의 활성화로 심박수와 호흡이 증가하고 투쟁 활동에 정신을 집중하게 된다.

오기는 남에게 지기 싫다는 마음에서 비롯되므로, 객관적으로 자신의 힘이 부족하거나 상대가 월등한 경우에도 지기 싫다는 마음이 커서 오기가 생기면 승부의 결과를 바꿀 수도 있다. 오기는 가지고 있는 능력과 자원이 상대에 비해 열등함에도 불구하고 주의를 집중해서 상황을 파악하고 이길 수 있는 방법을 모색하게 만드는 힘이다.

문화적 맥락으로 보는 오기

오기는 상당히 한국적인 감정이다. 자신이 감당하기 어려운 위험을 만나 의도적으로 끌어올리는 에너지가 '용기'라는 것을 감안한다면 '지기 싫다'는 감정인 오기의 성격 또한 용기와 비슷하다. 다만 그 맥락이 다분히 한국적이다. 자기 가치를 높이 평가하는 한국인들은 남에게 지거나 뒤처진다는 사실을 받아들이기 싫어한다. 이러한 경우를 한국인들은 '자존심이 상한다'고 표현하는데, 한국인들에게 있어 손상된 자존심이란 반드시 회복해야만 하는 것이다. 이때 오기는 손상된 자존심을 회복시키기 위한 동기로 작용한다.

상향 비교로 인한 시샘과 질투는 보편적인 감정이지만 그러한 부정적 감정에 대처하는 방식은 문화에 따라 다르다. 부러움이 상향 비교에서 오는 부정적 감정을 완화시키고 그것을 자신에게 결핍된 것을 채우려는 동기로 바꾼다면, 오기는 자신보다 우월한 대상을 극복하려는 의지를 북돋고 부족한 에너지를 끌어온다. 이러한 관점에서 오기는 자기 향상의 동기가 될 수 있고 또 한국 문화에서 그렇게 작용해 온 측면이 크다. 하지만 부작용도 작지 않다. 객관적으로 열악한 조건을 극복해야 하기 때문에 신체적, 정신적으로 무리하게 되면서 건강이 나빠질 수도 있고, 상대를 이기겠다는 목적에 집착하면서 자신의 사회적 역할이나 주변 사람들과의 관계에 소홀해질 수 있다.

한편 오기는 목표를 이루기 위한 에너지를 불러일으킨다는 점에서 심리학자 안젤라 더크워스가 제안한 '그릿(grit)'의 개념과 유사하다. 그릿(grit)은 '이를 악물다'라는 뜻으로, 불리한 상황을 극복할 용기, 투지를 나타내는 마음이다. 하지만 오기는 '남에게' 지기 싫다는 동기가 강조된다는 점에서 다분히 문화적인 감정이다.

♥ 이 감정, 어떻게 표현하고 이해할까

오기는 분노와 용기를 포함한다. 나를 이기고 있는 상대에 대한 분노는 투쟁심을 불러일으킨다. 씩씩거리며 상대를 노려보는, 또는 눈앞에 없는 상대에 대한 적개심을 불태우는 모습이 나타날 수 있다. 또한 힘이 부치는 상대이기에 그와 맞서기 위해서는 용기가 필요하므로 일부러 큰 소리를 내고 과장된 행동을 하면서 투쟁 의지를 북돋기도 한다. 실제로 오기를 내는 이들은 일정 기간 동안 덜 지치고 힘이 넘치는 것처럼 보인다.

의도치 않은 일이 벌어져 어찌할 바를 모를 때

자신의 행동이 사회적 기대에 어긋날 때의 감정, 당혹감

경북 김천시에서 처음으로 김밥축제를 개최했다. 김천이라는 이름이 '김밥천국'을 연상케 한다는 이유로 열리게 된 재기 발랄한 행사였다. 인구 13만 명의 김천시는 예상 방문 인원을 2만 명으로 계산하고 1만 명 분량의 김밥을 준비하는 등 행사 준비에 나름 최선을 다했으나, 축제 첫날 무려 10만 명의 방문객이 몰리면서 몇 시간 만에 김밥이 동이 나는 사태가 일어났다. 축제의 흥행은 기쁜 일이었지만 축제를 준비한 사람들은 밀려드는 방문객들에 당혹감을 감출 수 없었다.

당혹감

의외의 일을 당하여 어리둥절해 하거나 어찌할 바를 모름
embarrassed, 당황스러움

당혹감(당황스러움)은 일반적으로 사회적 기대에 어긋나거나 상황에 맞지 않은 행동을 했을 때의 감정이다. 당혹감을 유발하는 경험은 '수행해야 할 과제를 잘 해내지 못했을 때, 실수했을 때, 상황에 맞지 않은 행동을 했을 때, 다른 사람들의 주의를 한 몸에 받을 때' 등에 일어난다. 요약하면 타인이 자신의 행동을 보고 평가할 수 있는 상황들이다. 사람들은 자존감을 유지하고 타인에게 좋은 평가를 받고자 하는 욕구가 있으며 이러한 욕구가 예기치 않게 좌절될 때 당혹감을 느낀다.

생물학적 속성 및 기능

당혹감의 내수용감각은 얼굴이 붉게 달아오르고 호흡이 거칠어지는 등 부끄러움과 유사하다. 그러나 부끄러움이 이미 일어난 일의 결과에 자의식이 개입하여 찾아오는 감정이라면 당혹감(당황스러움)은 우선 일어난 일에 대한 놀람이 포함되며, 그다음에 어떤 행동을 취해야 할지 모르는(어찌할 바를 모르는) 상태를 수반하는 감정이다.

당혹감을 드러냄으로써 자신이 방금 저지른 일이 고의가 아니었음을 알린다. 자신의 행동이 상황에 맞지 않거나 주변 사람들의 기대에 어긋날 때 어쩔 줄 모르며 당황스러워 하는 사람의 표현이

그 일 때문에 일어날 분노를 잠재울 수도 있다. 식당에서 다른 사람의 그릇을 쳐서 음식을 떨어뜨린 사람이 아무렇지도 않은 듯 그냥 지나가려 한다면 당장 시비가 걸릴 것이다. 즉, 당혹감은 예기치 않은 비의도적 사건으로 발생하는 불편하고 어색한 사회적 상황을 회복시키는 역할을 할 수 있다.

당황 vs 황당, 황망

인터넷 유머사이트 등에서 '당황'과 '황당'의 차이에 대한 글들을 자주 볼 수 있다. 예를 들면, 황당은 '똥을 누려는데 방귀가 나왔을 때', 당황은 '방귀를 뀌려는데 똥이 나왔을 때'와 같은 글이다. 우스갯소리 같지만 당황스러움과 황당함의 본질적인 차이가 잘 담겨 있는 예시이다. 당황은 자신이 처한 상황에 대한 자의식이 개입된, 즉 자신에게 초점이 맞춰진 감정이고, 황당은 일어난 사건 자체에 대한 감정에 가깝다. 황당한 사건은 '어이가 없다'고 웃고 넘어갈 수 있지만 당황스러운 사건은 어떻게 하면 그 상황을 모면할지 몰라 안절부절못하게 된다. 한편, 황망(慌忙)이란 너무도 당황스러워서 허둥지둥 어찌할 바를 모를 정도라는 뜻이다.

문화적 맥락으로 보는 당혹감

부끄러움이나 죄책감과 마찬가지로 당혹감을 느끼는 데도 개인차가 있다. 기질적으로 내향성이나 신경증 성향이 높은 사람들은 당혹감을 쉽게 느낀다. 불안 수준이 높은 회피성 성격이나 의존성 성격의 사람들도 당혹감을 많이 느낄 것이다.

문화적으로는, 우선 집단 내에서의 조화가 중요하고 지켜야 할 사회적 규범이 많은 집단주의 문화권의 사람들이 당혹감을 많이 느낄 가능성이 있다. 하지만 당혹감은 독립적 개인으로서의 행동이 강조되는 개인주의 문화에서도 중요하다. 개인주의 문화에서 개개인의 행동은 그를 평가하는 준거가 되기 때문이다. 대신 집단주의 문화권에서는 자의식적 감정이 아니라, 이 상황에서 어떤 행동을 해야 할지 모르겠다는 느낌(난처함)으로 경험된다.

집단주의 문화에서 자의식적 감정으로서의 당혹감은 개인이 속한 집단에 따라 정도나 표현 방식이 달라질 수 있다. 일례로, '양반은 비를 맞아도 뛰지 않는다'는 속담처럼 과거에는 양반들이 자신보다 낮은 신분의 사람들 앞에서 당황스러워 하거나 경박한 모습을 보이면 안 된다는 암묵적 규칙이 있었다. 예의범절(禮儀凡節)은 다양한 사회적 상황에서 신분과 계층에 따른 사람들의 감정 표현을 비롯한 행위 양식을 규정한다.

♥ **이 감정, 어떻게 표현하고 이해할까**

당황스러움은 놀람, 그리고 부끄러움이 뒤섞인 반응으로 표현된다. 놀람을 나타내는 짧은 비명이나 감탄사(엇, 앗, 어머, 아이고…)와 함께 얼굴이 붉어지고 주변을 의식하여 두리번거리며 머리를 긁적이거나 손발을 의미 없이 바쁘게 놀린다.
당황은 조금 시간이 지나면 부끄러움이나 죄책감, 또는 분노로 바뀔 수도 있다. 방금 일어난 사건을 자신의 입장에서 해석하면서 그 의미가 분명해지면 그럴 수 있다.

부끄러움은
더 나은 '나'를 만든다

수치심 또는 수줍은 감정, 부끄러움

회사원 A는 나이가 들면서 모든 것이 못마땅해 보이기 시작했고 요즘은 화도 많아졌다. 건강은 점점 나빠지는데 일도 제대로 안 풀리고, 경기가 좋지 않아 회사에서 언제 해고될지 모르는 불안한 상태다. 매일 찌푸린 얼굴로 있으니 집에서도 아내와 서먹한 사이가 되고 아이들까지도 이제는 아빠를 피하는 눈치다. 어느 날 운전 중이던 A의 차 앞에 한 아이가 찻길로 갑자기 뛰어드는 바람에 한참 욕을 퍼붓다가 문득 A는 부끄러움을 느꼈다. '저 아이가 뭘 그렇게 나쁜 짓을 했다고. 내가 안 좋은 일이 있다고 다른 사람에게 화풀이를 하나, 내가 이 정도밖에 안 되는 인간이었나' 싶었다.

부끄러움

1) 양심에 거리낌이 있어 떳떳하지 못한 마음, 수치심
   shame, 수치심, 창피함
2) 스스러움을 느끼어 수줍어하는 마음, 수줍음
   shy, 쑥스러움, 멋쩍음

부끄러움은 자신의 능력 혹은 도덕성에서 오는 부끄러움(수치심)과 대인관계에서의 부끄러움(수줍음)으로 나눌 수 있다. 수치심(shame)은 무언가에 실패했거나 도덕적으로 잘못을 저지르고 나서 그 원인을 자신의 결함에 귀인했을 때 느끼는 부정적 감정이며, 수줍음은 다른 사람을 의식한 어색하고 쑥스러운 마음이다. 한국에서 이 두 단어의 의미는 맥락에 따라 구분된다. 공통점은 자의식, 즉 '나'에 대한 생각이 개입한다는 것이다.

생물학적 속성 및 기능

부끄러움(수치심/수줍음)의 생물학적 반응은 얼굴로 나타난다. 얼굴이 화끈거리고 붉어지는 이유는 교감신경계 활성화로 혈류량이 증가하기 때문인데 얼굴은 피부가 얇고 모세혈관이 피부와 가까워서 피가 몰리면 금방 티가 난다. 분노('분노로 얼굴이 붉어졌다')와 공포도 교감신경계의 흥분을 일으키지만 유독 부끄러움이 얼굴빛의 변화로 지각되는 이유는 자의식이 개입된 감정이기 때문이다.

얼굴은 다른 사람을 대하고 사회생활을 하는 '나'를 대표한다. 따라서 부끄러움과 관련하여 '무안하다, 면목 없다, 면구스럽다, 낯이 없다, 얼굴을 못 든다' 등 얼굴(面)이 들어간 표현이 많다.

부끄러움을 표현하는 것은 사회적으로 이롭다. 부끄러움을 느끼고 얼굴이 붉어지면 다른 이들의 눈에 띄기 쉽다. 부끄러움으로 얼굴이 빨개졌다는 것은 '도덕성이나 능력 등 자신의 내적 기준이 명확하고', '그 기준에 미치지 못하는 자신을 성찰할 수 있는' 사람이라는 근거가 된다. 수줍어서 얼굴을 붉히는 사람 역시 그 사람이 순진하고 약삭빠르거나 누군가를 속일 사람이 아니라는 메시지를 준다. 교감신경계는 자율신경계의 하나로 의지에 따라 작동하지 않는 만큼 그 사람의 자연스러운 반응을 보여 주기 때문이다.

심리적으로, 부끄러움 특히 수치심은 내적 성찰의 계기를 마련해 준다. 수치심은 사회적으로 공유된 어떠한 기준에 도달하지 못한 자신에 대한 감정이다. 수치심을 느낀 사람은 자신의 행동을 반성하고 더 나은 자신이 되려는 노력을 기울일 수 있다. 그러나 수치심이 좋지 못한 결과로 이어지는 경우도 있다.

수치심은 본질적으로 통제감과 관련된 감정이다. 심리학자 에릭슨에 따르면 태어난 지 2년 정도 지난 아이들은 배변 훈련을 통해 스스로의 행위에 대한 통제감을 얻는데 이때 적정 수준의 통제감을 획득하지 못하면 수치심을 경험하게 된다. 적절한 수치심은 자신을 돌아보고 사회적으로 더 나은 사람이 될 수 있는 계기가 되지만 수치심이 지나치면 회피적 성격이 되거나 강박적이거나 공격적인 방식으로 상실한 통제감을 획득하려 한다. 스스로 느끼는 수치심은 타인에 대한 공격으로 이어질 확률이 낮지만 타인으로부터 일방적으로 경험한 수치심은 모욕으로 받아들여지면서 그에 대한 반응으로 분노와 공격성이 발현될 수 있다.

부끄러움의 일종인 '쑥스러움/멋쩍음', 모습을 나타내는 '스스럼'

'쑥스러움'과 '멋쩍음'은 순우리말로 부끄러움의 일종이다. 부끄러움(수치심)이 자신의 능력 부족이나 잘못에 대한 감정이라면, 쑥스러움이나 멋쩍음은 상황에 어울리지 않는 어색함의 느낌이다. 예를 들면, 딱히 잘못한 것은 아니지만 칭찬을 받는 등 다른 이들의 이목을 받는 경우에 '쑥스럽다/멋쩍다'로 표현한다.

한편 '스스럼'은 그리 친하지 않은 관계에서 행동을 조심스럽게 하는 것으로 감정이 아니라 행동하는 모습을 뜻하는 말이다. 스스럼은 부끄러움 때문에, 아니면 친밀감이 부족해서 생길 수도 있다.

문화적 맥락으로 보는 부끄러움

영어권에서는 수치심(shame)과 수줍음(shy)을 구분하지만 한국에서는 부끄러움으로 통칭한다. 그 이유는 우선 유교적 질서와 관계주의 문화 속에서 개인의 사회적 지위와 체면을 중시했던 문화의 영향으로 볼 수 있고, 조금 깊이 들어가자면 자기 가치를 높게 평가하고 자신의 사회적 영향력을 강조하는 한국인들의 자기관과 관련 있다. (자존심, 자괴감, 자격지심)

또한 문화에 따라 부끄러움을 느끼는 대상도 달라질 수 있다. 예를 들면, 일본인들의 수치심이라 할 수 있는 '하지(恥)'가 사회와 집단에서 지켜야 할 규범에 대한 감정이라면 한국의 '부끄러움'은 사회적 규범 외에 보다 보편적인 도리('하늘을 우러러 한 점 부끄러움 없기를')를 포함한다.

부끄러움은 '수줍음'의 의미로 쓰이기도 하지만 '수줍다'는 단어가 쓰이는 맥락은 따로 있다. 수줍음은 대개 대인관계나 사회적 평가의 맥락에서 타인을 의식할 때 느끼는 감정이며, 내향성 등 기질과 성격에서 비롯되는 경우가 많다. 또는 중요한 자리나 잘 보이고 싶은 사람 앞에서 수줍음을 느낄 수도 있다. 어느 정도의 수줍음은 긍정적인 효과를 낼 수 있으나 지나친 수줍음은 사회적 역할 수행에 지장을 주기도 한다.

♥ **이 감정, 어떻게 표현하고 이해할까**

부끄러움은 언어적으로 잘 표현되지 않는다. 부끄럽기 때문이다. 따라서 부끄러움과 관련한 비언어적 단서에 주목할 필요가 있다. 얼굴이 붉어지거나 시선을 피하는 경우가 많고 어색한 미소를 짓고 머리를 긁적이는 등의 행동이 나타난다.

부끄러움의 이유가 능력 혹은 도덕적 기준에 의한 것인지(수치심), 사회적 맥락에서 비롯된 것인지(수줍음)를 구별하는 것도 중요하다. 보통 수줍음이 크게 문제될 일은 없지만, 수치심이 지나쳐서 생기는 자괴감이 우울로, 주변에 대한 공격성은 분노로 발전할 소지가 있다.

죄책감이
잘못을 바로잡을 기회가 될 때

자신의 잘못을 뉘우치는 마음, 죄책감

A에게는 장애가 있는 동생이 있다. 지금은 잘 지내지만 어렸을 때 A는 동생을 많이 괴롭혔다. 말도 안 통하고 제멋대로인 동생을 이해할 수 없었기 때문이다. 부모님은 A에게 동생을 잘 돌보라고 했지만, 밖에서 친구들하고 어울리느라 늘 동생은 뒷전이었다. 어느 정도 나이가 들자 A는 동생에게 미안한 마음이 들기 시작했다. 하나뿐인, 그리고 장애까지 있는 동생에게 모진 말을 하고 몰래몰래 때리고 꼬집었던 행동들이 떠오를 때면 그런 일을 했던 자신을 책망하며 부끄러워 견딜 수가 없었다.

죄책감

저지른 잘못이나 죄에 대하여 책임을 느끼거나 자책하는 마음
guilt, 뉘우침

죄책감은 자신이 주도적으로 한 행동이 타인과 사회에 해를 입힐 수 있다는 사실을 깨닫고 자신의 행위를 반성하면서 경험하는 감정이다.

생물학적 속성 및 기능

죄책감에 대한 생물학적 반응은 부끄러움과 유사하다. 얼굴이 붉어지고 호흡이 가빠지는 등 교감신경계가 활성화되는데, 자신이 저지른 일을 보상하기 위해 신체 예산을 확보하는 과정으로 볼 수 있다.

사회적으로 죄책감을 느끼고 표현하는 것은 그 사람이 자신의 행동을 돌아보고 반성하며 그것을 바로잡을 수 있는 사람이라는 뜻이다. 눈물을 흘리거나 얼굴을 붉히고 말을 더듬는 등의 비언어적 행동 역시 잘못을 한 사람이 사실은 선하고 친사회적이라는 신호로 해석된다. 잘못을 하고도 고개를 빳빳이 들고 눈을 부라리는 사람은 그 반대 의미의 신호로 해석될 것이다.

수치심과 죄책감

부끄러움(수치심)이 실패나 잘못의 원인을 자신의 결함으로 귀인했을 때의 감정이라면, 죄책감은 그다음에 자신의 실패나 잘못

을 바로잡고 이러한 일을 반복하지 않으려는 마음을 포함한다. 다시 말해, 수치심이 자신의 능력 혹은 됨됨이에 초점이 맞춰져 있다면 죄책감은 자신의 행동이 초래한 결과와 개선 의지에 초점이 맞춰져 있다고 할 수 있다.

수치심과 죄책감은 어떤 사건이 일어난 다음에(사후) 그 일보다 더 나을 수 있었던 결과(상향)를 가정하는 사고 과정에서 경험하는 감정이다. 즉 수치심과 죄책감은 상향적 사후 가정 사고의 감정(부정적 감정)에 해당한다.

죄책감과 '미안함', '뉘우침'

죄책감에 상응하는 단어가 없는 대신 한국어로 '미안하다'는 표현이 있다. 미안함은 타인에게 괴로움이나 폐를 끼쳐 마음이 불편하고 거북하다는 의미(未安)이다. 죄책감이 자신의 잘못을 반성하는 마음에 가깝다면 미안함은 자신의 잘못으로 피해를 입었을 대상에게 느끼는 감정이다. 미안함의 표현은 '당신이 피해를 입어 내 마음이 불편하니 이를 사과하고 바로잡겠다'는 뜻이다.

자신의 행위에 대한 반성인 죄책감(guilt)이 개인주의 문화에서 중요한 감정인 반면, 자신의 행위로 생긴 타인의 피해에 대한 유감인 미안함은 집단주의 또는 관계주의 문화에서 중요한 의미가 있다. 한자어로 '송구(悚懼)하다' 역시 두렵고 거북하다는 뜻으로 미안(未安)의 용법과 상통한다. 자신의 잘못에 대해 가장 많이 쓰는 표현으로는 '죄송(罪悚)하다'가 있다. 죄를 지어 송구하다는 뜻이다.

한편, 우리말에도 '뉘우치다'라는 말이 있는데, 이는 자신의 잘못에 대해 반성하고 다시는 그러한 일이 없도록 의지를 다진다는 뜻이다. 하지만 뉘우침은 감정이라기보다는 행위를 뜻한다.

옳지 않은 행동을 할 때의 쾌감, '배덕감'

사회적 금기를 어기거나 도덕적으로 옳지 않은 행동을 했을 때 느끼는 쾌감을 '배덕감(背德感)'이라 한다. 도덕과 규범이 사회 유지를 위해 개인의 욕구를 제한하기 때문에 어떤 경우에는 도덕과 규범을 어길 때 쾌감을 느끼기도 한다. 일반적으로 평소에 잘 느끼는 감정은 아니다.

문화적 맥락으로 보는 죄책감

영어에서는 수치심(shame)과 죄책감(guilt)을 구별하지만, 우리말에서는 수치심과 죄책감을 굳이 구별하지 않는다. 그 이유는 다음과 같이 추론할 수 있다. 우리나라를 비롯한 동양의 법률 체계는 도덕과 윤리에 기초한다. 따라서 자신의 잘못은 곧 도덕적 결함을 뜻하며, 유교 사회에서는 자신의 잘못에 부끄러움을 느꼈다면 그 잘못을 바로잡겠다는 의지와 행동으로 이어지는 것이 당연하기 때문이다. 즉 한국 문화에서 수치심(부끄러움)은 죄책감을 포함하는 개념이다.

이러한 경향은 대개의 동양 언어에서 공통적으로 나타나는데, 서양의 일부 학자들은 이를 근거로 동양의 사회적 성숙도가 서양보다 낮다는 식으로 해석하기도 한다. 그러나 이는 한국인들을 비롯한 동양인들이 자신의 결함에만 초점을 두고 자신의 행위를 반성할 줄 모른다는 뜻이 아니다. 유교적 전통에서 사회적 맥락에서의 올바른 행위 양식인 예의(禮義)와 자신의 행동이 도리에 맞지 않음을 알고 부끄러움을 아는 염치(廉恥)는 이상적인 인간의 조건이자 바람직한 사회의 기준이었다. 즉, 부끄러움을 느낀다는 것에는 그 행동을 반성하고 수정하겠다는 의지 또한 갖고 있다는 뜻이다.

♥ 이 감정, 어떻게 표현하고 이해할까

죄책감은 부끄러움과 잘 구별되지 않는다. 굳이 구분하자면, 죄책감은 자신의 잘못을 '반성하는 마음'에 보다 가깝다. 대체적으로는 부끄러움의 표현과 같으나 반성의 표현이 덧붙는다는 것이 차이라면 차이일 것이다. 한국 문화에서 죄책감은 공개적인 행동으로 표현되어야 하고 용서를 구해야 한다는 인식이 있다. 과거에 죄를 지은 이가 거적을 깔고 엎드려 윗사람의 처벌을 기다리던 '석고대죄(席藁待罪)'가 그 일례이다. 잘못을 한 사람이 반성문을 쓰거나 다른 행위로 잘못을 보상하려는 모습을 보이는 것도 부끄러움과는 다른 죄책감의 표현이다.

더 큰 상실감에 빠지지 않도록

상실에 대한 자의식적 슬픔, 서글픔

거울 속에는 웬 낯선 중년의 남자가 A를 바라보고 있었다. 언제 세월이 이렇게 흘렀을까. 대학을 졸업하고 갓 회사에 입사했을 때가 떠올랐다. 전국 방방곡곡 출장을 다니고 야근을 밥 먹듯 했지만 패기 넘치던 시절이었다. 열심히만 하면 뭐든 다 이룰 것 같았지만 세상은 A에게 그리 호락호락하지 않았다. 오랜만에 동창회에서 만난 친구들은 주식이며 부동산 이야기에 정신이 없었고 A는 자신만 홀로 딴 세상에 떨어져 있는 느낌이었다. A는 불현듯 서글픔을 느꼈다.

서글픔

1) 외로워 불쌍하거나 슬픔
2) 섭섭하고 언짢음

서글픔은 슬픔의 일종이다. 사전적 의미로 '외로움으로 인한 슬픔'이라고 할 수 있는데, 슬픔이 상실에 대한 반응이라면 서글픔은 믿음 또는 의지할 대상의 상실을 깨달은 데서 오는 슬픔이라고 구체화할 수 있다.

생물학적 속성 및 기능

서글픔의 생물학적 감각은 슬픔과 외로움의 느낌에 가깝다. 그러나 상실 자체에 초점이 있는 감정이라기보다는 무언가를 상실한 후 혼자 남겨졌다는 쓸쓸함에서 오는 자의식적 슬픔, 즉 자신의 외로운 처지를 인식하는 데서 오는 슬픔이다.

슬픔의 일종인 서글픔은 에너지 수준을 낮춰 더 큰 상실의 위험으로부터 사람을 보호한다. 서글픔에 빠져 있는 사람은 또 다른 배신이나 실패를 겪을 확률이 낮다. 또한 서글픔은 외로운 자신의 처지를 상기시켜 자신을 이해하고 외로움을 달래 줄 사람들을 찾게 만든다. 다른 사람들에게 서글픔을 토로하면 부정적 감정의 배출에 도움이 될 뿐 아니라 자신의 처지에 공감하고 힘이 되어 줄 사람들을 불러들일 수 있다. 때때로 서글픔은 어쩔 수 없는 인간 본연의 고독감을 자극하여 사유와 성찰의 계기를 만들어 주기도

한다. ('아무도 알아주는 이 없어 서글프지만 그래도 이 길을 가련다')

문화적 맥락으로 보는 서글픔

서글픔은 자의식이 개입된 감정이다. 즉, 경험한 내용을 자신의 처지 등에 비추어 재해석한 뒤 느끼는 이차적인 감정이다. 문화심리학자 최상진은 이러한 종류의 감정을 '반추적(되새김) 감정'이라 규정하였다. 경험에 대한 즉각적이고 신체적인 반응이 기본 감정이라면 반추적 감정은 문화적 감정의 중요한 속성을 지닌다. 자신의 경험을 자신의 상황이나 이전 경험에 비추어 다시 해석하는 과정은 자기중심적 해석이 두드러지는 한국인의 감정 경험 방식과 관련이 깊다.

이러한 감정 경험 방식은 자신의 경험을 주관화(subjectifying)하는 데 도움이 된다. 다시 말해, 자신의 경험에 스스로 의미를 부여함으로써 자신만의 경험을 구축하는 것이다. 주관화의 결과 개인은 더욱 생생하고 풍부한 경험을 갖게 되지만, 다른 이들과 적극적으로 소통하여 이를 객관화하는 과정이 필요하다. 지나치게 자기화된 경험은 객관적 사실과 멀어질 수 있기 때문이다.

♥ 이 감정, 어떻게 표현하고 이해할까

슬픔에는 여러 종류가 있다. 서글픔은 자신이 혼자임을 깨닫고 느끼는 슬픔이다. 격렬한 슬픔으로 표현되기보다는 상대적으로 조용히 드러난다. 서글픔을 느끼는 사람은 자신의 경험을 반추하기 위해 생각에 잠기거나 말수가 적어지는 경향이 있다. 큰 소리로 통곡하며 몸부림치는 것이 아닌 조용히 눈물을 삼키는 정도로 표현된다. 그런 면에서 큰 슬픔으로 표현되는 '서러움'과는 다르다.

억울함의 화살이
나에게로 향해 무력해질 때

억울함으로 인한 슬픔, 서러움

A는 4남매 중 맏딸이다. '맏딸은 살림 밑천'이라는 말이 있던 시대여서 그랬는지, 집안에서 A의 희생은 너무나 당연한 것이었다. A는 가고 싶었던 대학도 포기하고 공장을 다니며 동생들 뒷바라지를 했고, 동생들 결혼할 때에도 적지 않은 돈을 보탰다. 학비며 어학연수비며, 막내 동생 사업 자금에 부모님 생활비까지. 그런데도 가족들의 요구는 끝이 없었다. 억울한 적도 많았지만 이것도 팔자려니 하고 살아온 A는 믿었던 어머니마저 투자 사기를 당하고 손을 벌리자 급기야 서러움이 폭발하고 말았다.

서러움

원통하여 슬픔
*원통함 : 몹시 억울하여 가슴이 아픔

    서러움은 억울함에서 비롯된 고통스러울 만큼의 슬픔이다. 억울함은 부당함에 대한 분노다. 자신의 의도나 의지와 관계없이 불이익을 받거나 좋지 않은 결과를 얻으면 부당하다는 지각과 함께 분노가 치솟는데, 이때의 부당함이 바로 해결되지 않고 다른 이들마저 알아주지 않는다면 분노에 답답함이 추가되면서 억울한 감정이 된다. 이 억울함이 지나치면 고통스러운 내수용감각이 발생하고(원통함), 원통함을 겪을 수밖에 없는 자신의 처지에 대한 무력감이 생기면서 발생하는 슬픈 감정이 서러움이다.

생물학적 속성 및 기능

    서러움의 생물학적 감각은 답답함과 슬픔의 느낌이다. 자신이 겪은 부당한 일이 해결되지 않는 상황에 대한 답답함은 체내의 기혈이 막히고(기막힘) 호흡이 곤란하며 소화가 안 되는 등 순환이 차단되는 감각으로 경험된다. 여기에 희망과 기대의 상실에서 오는 막막함과 무력감은 고통스러울 만큼 큰 슬픔을 유발한다.

    서러움은 자기 관여적(자의식적)인 슬픔이다. 억울한 일을 겪고 자신이 할 수 있는 바를 다했음에도 결과가 바뀌지 않는다는 것을 지각한 후(절망) 통제감을 완전히 상실한 데서 오는 슬픔이다. 서러움은 갈 길을 잃은 분노가 자신으로 향하면서 새삼스럽게 자신의 무력함을 깨닫게 되어 느끼는 감정으로 한(恨)의 경험 과정 중 하나로 꼽힌다. 부당한 상황을 제공한 상대나 상황에 대한 분노는 매우 격렬하므로 그러한 상태가 지속되면 신체 항상성을 유지하기 어렵다. 따라서 억울함의 원인을 자신에게 돌려 격렬해지는 분노의 감정을 희석시킬 필요가 있는데 이 과정에서 억울함은 서러움으로 변한다. 한편 서러움의 표현은 억울함과 무력감을 주위에 알리는 효과가 있다. 가까운 사람들에게 나의 서러움을 알리면 도움을 받을 수 있고 위로나 물질적 지지를 받을 수도 있다.

문화적 맥락으로 보는 서러움

서러움은 대표적인 한국의 문화적 감정으로 한(恨)의 경험 과정과 감정의 질을 이해할 수 있다는 점에서 중요하다. 높은 자기 가치감과 주관적인 감정 경험 방식 때문에 억울함을 쉽게 느끼는 한국인들은 분노, 즉 화가 많다. 신분제 사회였던 과거에는 이러한 억울함을 쉽게 해결할 수 없었지만 사람들은 어떻게든 화를 다스리고 일상을 이어 가야 했다. 그 방법이 부당함을 준 상대보다는 자기 자신에게서 부당함의 원인을 찾는 것이었으나('내 탓이다'), 그 결과는 고통스러웠다. 서러움은 이러한 심리 과정의 결과다.

♥ 이 감정, 어떻게 표현하고 이해할까

서러움은 매우 고통스러운 감정이기 때문에 그 표현도 크고 격렬하다. 고통을 견디는 몸짓, 답답함과 슬픔이 뒤섞인 표정으로 나타난다. 가슴을 치며 큰 소리로 울음을 터뜨리기도 한다. 가슴을 치는 행동은 답답함의 표현이기도 하고 원통함의 원인을 자신에게 돌리는 자책과 자탄의 표현이기도 하다.

오늘의 아쉬운 마음이
내일의 새로운 힘이 된다

기대가 충족되지 못한 안타까움, 아쉬움

A는 대학 풍물동아리에서 후배들 악기 교습을 담당하고 있다. 올해는 풍물에 진심인 후배들이 많이 들어와서 오랜만에 A는 가르치는 재미에 푹 빠져 있었다. 특히 OO학과 B는 주말에도 방학에도 나와서 연습을 할 만큼 열성이었다. 어느 겨울날 A는 후배 몇 명과 연습을 하고 있었는데 갑자기 하늘에서 눈이 내리기 시작했다. 눈 내리는 숲속 공터에서의 연습은 그 어느 때보다 즐거웠다. 그런데 마침 그날따라 연습에 나오지 않은 B의 부재가 아쉬웠다. '오늘 같은 날 B가 있었어야 했는데…….'

아쉬움

어떤 일에 대해 만족하지 못하거나,
필요한 것이 모자라거나 없어서 안타깝고 서운한 마음
regret, 아까움, 미진, 미련, 애석

아쉬움은 불만족 차원의 감정이다. 어떠한 기대가 충족되지 못했을 때 '아쉽다'는 말을 쓴다. 뜻풀이에 포함된 '안타까움'과 '서운함'이 아쉬움이라는 감정의 질을 설명한다.

생물학적 속성 및 기능

안타까움은 애가 탄다는 뜻으로 내장(창자)이 졸아드는 것 같은 느낌(내수용감각)이며 서운함은 기대가 충족되지 못했을 때의 부정적 감정이다.

아쉬움은 공포나 놀람, 슬픔처럼 뚜렷한 생물학적 반응을 일으키지는 않지만 안타까움, 즉 애타는 느낌을 주는데, 이는 신체 예산의 변화와 관련된 내수용감각일 가능성이 크다. 인간의 신체는 자신이 경험할 상황을 예측하고 그에 대처하기 위해 미리 신체 예산을 배분하는데, 예측하지 못한 일이 발생하면 인간의 몸에서는 이러한 예산을 초과하는 무리한 작용이 일어난다. 아쉬움의 탄성('아……!')은 초과하는 에너지를 배출하는 역할을 한다.

아쉬움은 상당히 주관적인 감정이다. 개인의 기대가 어디에 어느 수준으로 존재하는가는 전적으로 개인 차원의 일이기 때문이다. 누군가 아쉬움을 느낀다는 것은 그가 주관적으로 설정한 기준을 가지고 있다는 뜻이고, 그 기준을 충족하지 못하면 그에게 부정적인 느낌을 초래한다는 뜻이다. 아쉬움을 느낀 사람은 그 아쉬움을 없애기 위해 또 다른 시도를 할 가능성이 있다. 즉 아쉬움은 포기하지 않고 어떠한 목표를 추구할 동기를 갖게 만든다.

타인의 실패에 대한 아쉬움의 표현은 자신이 그에게 기대를 갖고 있으며 다음에는 그 기대를 달성하기를 응원하고 격려하는 의미가 될 수 있다.

아쉬움의 한자어 표현 '애석(哀惜)과 애석(愛惜)', '통석(痛惜)'

한자어에는 '아쉽다, 아깝다'는 뜻의 석(惜)이 들어간 표현들이 있다. 슬플 애(哀)가 들어간 '애석(哀惜)'은 아쉬운 결과가 슬프다는 뜻이고, 사랑 애(愛)가 들어간 '애석(愛惜)'은 사랑하는 이에게 일어난 일이 아쉽다는 뜻이다. 아플 통(痛)이 들어간 '통석(痛惜)'은 고통을 느낄 만큼 몹시 아쉽다는 뜻이다.

아쉬움과 달리 기대를 접게 되는 '체념/단념'

아쉬움은 어떤 일의 결과가 주관적인 기준에 미치지 못했다는 데서 오는 부정적 감정이다. 하지만 아쉬움은 '단념'이나 '체념'과는 다르다. 단념과 체념이 어떤 일이 결국 주관적 기준에 미치지 못함을 알고 기대를 접는 마음이라면, 아쉬움은 기대를 접고 포기하는 것이 아니라 그 기준을 달성하겠다는 또 다른 동기로 연결될 수 있다.

기대를 접으면 더 이상의 동기를 잃는다. 어떤 목표를 향한 에너지를 잃는 느낌을 한국인들은 '헛헛하다', '허탈하다', '김샜다' 등의 말로 표현한다. 이는 목표 달성을 위해 배분해 두었던 신체 예산이 사라지는 내수용감각일 수 있다. 허탈감이 지나치게 강하거나 오래 지속되면 '허무함, 무상감, 무망감'이 될 수 있다.

문화적 맥락으로 보는 아쉬움

아쉬움은 한국어로 표현되는 한국의 문화적 감정이다. 영어로는 regret으로 옮길 수 있지만 regret은 자신이 한 일에 대해 부정적 감정을 느끼고 그 일을 하지 말았어야 한다는 뜻이다. regret은 보통 '후회'라는 뜻으로 번역되는데 후회는 자신이 한 잘못에 대한 뉘우침이다. 물론 후회에는 주관적 기대가 충족되지 못한 아쉬움이 포함되지만 후회는 뉘우침, 즉 반성의 의미가 강하다.

아쉬움은 반성으로 이어지기 전 단계의 감정, 미진함을 느끼고 미련이 남는 상태다. 단계로 이해하자면, 아쉬움을 느낀 다음 잘못을 뉘우치고(후회) 더 나은 결과를 위해 동기화된다고 할 수 있다. 아쉬움은 자기 가치를 높이 평가하고 이상적 자기상을 갖고 있는 한국인들이 내적 기대가 충족되지 못한 상황에 대해 발달시킨 다양한 표현들 중 하나다.(아쉬움, 서운함, 섭섭함, 안타까움 등)

♥ **이 감정, 어떻게 표현하고 이해할까**

아쉬움은 안타까움과 초조함으로 드러난다. '아······!', '아깝다!'는 탄성을 내뱉거나 한숨을 쉬기도 한다. 소리를 지르고 화를 내는 사람도 있다. 아쉬움은 지금의 결과에 미련이 남는다는 마음의 표현이다. 아쉬움을 드러내는 이에게는 다음에는 미련이 남지 않도록 최선을 다하라는 위로가 도움이 될 것이다.

가까운 사람이
못마땅하게 느껴진다면

어떤 일이 자신의 내적 기준에 미치지 못하는 불쾌감, 못마땅함

A교수는 올해 새로 뽑은 조교 B가 영 마음에 들지 않았다. B는 말투는 싹싹했으나 일 처리가 몹시 느리고 필요할 때 찾으면 자리를 비우는 일도 많았다. 하지만 느리긴 해도 지시한 일은 정해진 시간 내에 틀림없이 마치는 데다가 자리에 없어도 호출을 하면 이후에 곧 모습을 나타냈기 때문에 A교수가 딱히 뭐라 나무랄 명분은 없었다. 하지만 A교수는 자신이 찾을 때마다 자리에 번번이 없는 B가 여전히 못마땅했고, 언젠가 한 번은 뭐라고 꼭 한마디해야겠다고 다짐했다.

못마땅함

마음에 들지 않아 불쾌함
불만족, 언짢음, 아니꼬움

못마땅함은 불만족 차원의 감정으로 어떤 것이 기대에 미치지 못하여 불쾌한 내수용감각을 일으키는 상태이다. '못마땅하다'는 '마땅하다'의 반대말이다. 마땅하다는 이치로 보아 '옳다, 당연하다'는 뜻이니, 못마땅하다는 것은 '옳지 않다, 당연하지 않다'는 의미다. 즉 못마땅함은 어떤 내적 기준이 명확하고 기대하던 일이 기대대로 되지 않았을 때의 불쾌감이다.

생물학적 속성 및 기능

못마땅함의 불쾌감은 나름대로 타당하게 미래를 예측하고 배분한 신체 예산이 예측 오류로 어그러지면서 발생하는 열감, 순환장애 등 조화롭지 않은 내수용감각을 수반한다. 이러한 감각을 '아니꼽다'라고 하는데 '아니꼽다'는 말은 '안(내장, 臟)'이 '곱다(굽다)'는 뜻으로 내장이 뒤틀린다는 표현이다. 유사한 말로 '띠껍다'가 있다. '아니꼽다'의 사투리인 '띠꼽다'에서 왔다는 설이 있다.

못마땅함으로 인한 불쾌감은 기대를 충족하려는 동기를 자극한다. 못마땅함을 느낀 사람은 못마땅함이 마땅해질 때까지 어떠한 행동을 할 것이다. 그것은 불쾌감의 표출일 수도 있고 상황을 바꾸기 위한 노력일 수도 있다. 사회적 맥락에서 못마땅함을 표현하는 것은 자신의 기대를 채워 달라는 메시지가 된다. 중요하거나 가까운 관계인 사람의 못마땅함은 우선적으로 처리해야 할 과제다. 사소한 불만이 쌓이면 큰 문제가 될 수 있기 때문이다.

못마땅함을 넘어 화가 나는 '짜증'

마음에 들지 않아(기대가 충족되지 않아) 언짢은 것을 못마땅함이라고 한다면 '짜증'은 마음에 들지 않다 못해 화가 나는 상태를 뜻한다. 불쾌한 내수용감각은 나에 대한 공격 또는 침해로 여겨져 분노로 이어질 수 있다. 짜증은 화의 원인이 아직 특정되지 않은 상태라 할 수 있으며, 짜증 나는 이유가 어떠한 대상 때문이라 귀인하면 그쪽으로 분노가 표출될 수 있다.

상대에 대한 못마땅함, '원망(怨望)'

못마땅함은 미움으로 이어질 수 있다. 상대에 대한 기대가 충족되지 않으면 언짢음(짜증)이 느껴지는데 이러한 감정의 원인을 상대방에게 돌리면 '원망'이 된다. 사소한 정도라면 불평 정도에 그치지만 원망이 커지면 미움과 증오가 된다.

문화적 맥락으로 보는 못마땅함

못마땅함은 불만을 표현하는 문화적 방식이다. 여러 사람과의 관계와 역할이 복잡하게 작동하는 사회에서 자신의 기대가 늘 충족될 수는 없다. 그렇다고 나의 기대를 포기하고 항상 다른 사람을 우선할 수도 없다. 기대에 미치지 못한 것들이 있다면 어떤 식으로든 표현하고 기대를 충족시키는 편이 바람직하다. 직접적으로 불만을 표출하고 문제를 해결하는 개인주의 문화에 비해 관계를 중시하고 집단 내 조화를 강조하는 집단주의 문화에서는 불만의 우회적 표현을 선호한다. 하지만 사회적 지위가 낮은 이들의 못마땅함 표현은 바람직하지 않다고 여겨지거나, 상대적으로 사회적 지위가 높은 이들이 표현하는 못마땅함에 대해서는 눈치껏 행동하기 등 다양한 문화적 행위 양식이 존재한다.

♥ 이 감정, 어떻게 표현하고 이해할까

못마땅함은 주로 비언어적으로 표현된다. 눈살을 찌푸리거나 입을 삐죽 내미는 등의 표정을 짓고 팔짱을 낀다. 팔짱은 자신의 가슴과 복부를 가리는 행위로 상대의 공격으로부터 자신을 보호하겠다는 의미가 담겨 있다. 못마땅함을 느끼는 사람은 시선을 돌리거나 상대에게서 멀어짐으로써 거리감을 표현하며, 언짢은 느낌을 해소하기 위해 한숨을 쉬거나 기분을 전환할 다른 행동(예:흡연)을 하기도 한다.

누군가 나에게 실망했다고 말할 때

기대가 꺾였을 때의 상실감, 실망감

A는 몇 년째 이직을 준비 중이다. 지금 직장은 벌이도 시원치 않은 데다 능력이며 커리어가 더 성장할 가능성이 보이지 않기 때문이다. 하지만 이직은 A의 뜻대로 되지 않았고 계속해서 고배를 마시던 중에 마음에 쏙 드는 곳을 발견했다. 분야도 A와 잘 맞았고 경력이나 실적도 그곳에서 원하는 기준을 충족하고 있었다. A는 최대한 정성 들여 서류를 준비하고 면접을 보았다. 하지만 기대와 달리 A는 최종적으로 탈락하고 말았다. 기대가 컸던 만큼 실망도 큰 것인지 A는 쓰린 속을 달랠 수밖에 없었다.

실망감

일이 바라는 대로 되지 않거나 기대에 어긋나서 마음이 상함
disappointed

　실망감은 불만족의 일종이다. 특히 목표를 달성하지 못하거나 기대와 다른 결과를 얻었을 때의 감정으로, 아쉬움과 비슷하지만 아쉬움이 얻지 못한 결과에 대한 미련을 포함한다면 실망감은 '희망을 잃었다(失望)'는 표현으로 미루어 볼 때 좀 더 부정적인 경우의 감정이다. 이러한 의미는 마음이 상했다(상심: 傷心, 속상함)는 뜻에서 유추할 수 있다.

생물학적 속성 및 기능

　실망감은 속이 상한다는 내수용감각으로 지각된다. 속상함이란 어떠한 목표를 향해 배분되어 있던 신체 예산이 목표가 어그러지면서 그 목적과 방향을 잃어 신체 내부의 기관들을 상하게 하는(망가뜨리는) 듯한 감각이다. 내장 기관에 무리가 가는 안타깝고 애타는 느낌을 넘어 내장 기관이 실제로 망가진 것 같은 느낌이다.

　아쉬움처럼 실망감 역시 매우 주관적이다. 개인의 기대가 어디에 어느 수준으로 존재하는가는 개인 차원의 일이기 때문이다. 그러나 아쉬움이 그것을 초래한 불편함(안타까움)에 중점을 두고 그 아쉬움을 없애려는 시도로 이어질 가능성이 있는 반면, 실망감은 기대가 어긋난 데 대한 부정적 감정 자체라 할 수 있다.

　누군가에 대한 실망감의 표현은 그 사람에 대한 기대가 꺾였다

는 메시지를 전달한다. 사람들은 누구나 타인의 기대에 부응하고 인정받으려는 욕구를 가지고 있기 때문에 누군가로부터 실망했다는 말을 들으면 그것을 만회하고자 노력할 것이다. 즉, 실망감의 표현은 상대방에 대한 질책과 더불어 더 나은 결과를 기대하는 동기 부여의 기능이 있다. 그래서 때에 따라 실망은 가스라이팅의 수단이 되기도 한다.

분노로 이어질 수 있는 '좌절감(frustrated)'

좌절감은 어떤 일에 대한 의지나 기운이 꺾인 느낌이다. 실망감이 이미 나온 결과에 대한 감정이라면 좌절감은 진행 중인 일이 뜻대로 되지 않고 중단되었을 때의 감정이라 할 수 있다. 실망감이 슬픔이나 우울로 연결된다면 좌절감은 분노나 분발심으로 이어질 수 있다(분발심: 마음과 힘을 돋우어 떨쳐 일어나려는 마음). 사회심리학의 좌절-공격 이론은 개인의 좌절이 타인에 대한 공격으로 이어질 수 있음을 보여 준다. 좌절의 원인이 명확할 때에는 공격도 명확한 대상을 향하지만, 좌절의 원인이 명확하지 않을 때에는 불특정 다수에 대한 공격이 나타날 수 있다.

희망이 사라진 '절망감(hopeless)', '참담함'

실망감이 개인의 주관적 목표나 기대가 충족되지 못한 것에 대한 감정이라면 '절망감'은 희망이 완전히 사라져 체념, 즉 포기한 상태를 뜻한다. 실망 후에 아쉬움을 느꼈다면 도달하지 못한 목표를 이루기 위한 새로운 노력을 하게 될 것이고, 실망이 좌절감으로 이어진다면 더 이상의 시도 없이 포기하게 될 것이다. 반복된 좌절은 학습된 무기력(learned helplessness)으로 이어진다. (무망감 : hopelessness)

한편 '참담(慘憺)함'은 절망의 크기가 끔찍해서 몸서리가 쳐질 정도를 뜻하며 최고조의 절망 표현이라 할 수 있다. 자기 자신에 대한 감정으로 경험되는 경우, 참담함은 최대의 자괴감을 나타낸다.

문화적 맥락으로 보는 실망감

실망감과 좌절감은 목표나 기대가 어긋날 때의 감정으로 보다 개인적이고 자의식적인 감정이다. 영어에는 다양한 관련 표현이 있는 반면, 한국어에는 실망감이나 좌절감에 상응하는 단어가 없는 것은 자의식적 행위에 대한 인식의 차이 때문일 수 있다.

대신 한국어로는 유사한 경우에 '안타까움, 서운함, 속상함' 등의 용어를 포괄적으로 사용하는데 이들은 개인의 경험이 불러일으킨 신체 내부의 감각(내수용감각)을 묘사하는 말들이다. 다시 말해, 행위의 주체로서 자신의 목표에 대한 실망과 좌절을 개념화한다기보다는 자신의 목표가 좌절되는 상황에 대한 수용적인 느낌 위주로 감정을 발달시켰다는 의미로 해석할 수 있다.

또한 문화적 자기관과 관련하여, 한국인들의 높은 자기 가치감과 주체성 자기는 자신에 대한 기대를 높게 설정하도록 하고 이러한 기대가 좌절되는 상황에서 큰 심리적 충격을 줄 가능성이 있다. 실망하면 속이 상한다는 표현에서 이러한 점을 유추할 수 있다.

한편, 사회적 의무를 강조하는 집단주의 문화에서는 자신에게 기대를 걸고 있는 타인을 실망시키지 않도록 하는 것이 중요한 동기가 된다. 누군가 자신에게 실망했다는 것은 자신의 가치가 손상되는 일이므로 사람들은 손상된 자기 가치를 회복하기 위해 동기화된다.

♥ 이 감정, 어떻게 표현하고 이해할까

실망은 풀이 죽은 목소리와 자세 등으로 드러난다. 다른 사람과 눈을 마주치지 않거나 혼자 있고 싶어 하는 경우도 있다. 급격한 심경의 변화로 신체 반응이 무너져 회복의 시간이 필요하기 때문이다. 자신의 기대가 충족되지 못했다는 점에서 실망감은 수치심, 아쉬움, 분노 등으로 이어질 수 있다.

삶의 목표나 기대가
갈 곳을 잃는다면

지탱해 주던 뭔가가 빠져나간 느낌, 허탈감

A는 결혼을 전제로 사귀던 B와 최근에 헤어지고 말았다. 자녀 계획에 대한 서로의 생각이 좀처럼 좁혀지지 않았기 때문이다. 아이를 간절히 원하는 A와 달리 B는 아이 없이 둘이서 행복하게 살면 된다는 주의였다. 결코 아이를 포기할 수 없었던 A는 결국 B와 파혼을 결심했다. B와 헤어지고 나서 오랫동안 곁에 있던 사람이 없어지니 A는 가슴에 구멍이 뻥 뚫린 것 같은 기분이 들었다. 결혼 후에 살기 위해 꾸며 놓은 집에서 A는 허탈한 한숨만 내쉬었다.

허탈감

기운이 빠지고 정신이 멍함
허전함, 헛헛함, 허무함

허탈감은 기대나 의지하던 대상이 사라져 허전한 감정이다. '아쉬움'이 기대가 충족되지 못했을 때의 안타까움과 서운함이 섞인 감정이라면, 허탈감은 아예 기대를 접거나(단념, 체념) 기대 자체가 사라져 무엇을 해야 할지 모르는, 목적을 상실한 느낌의 감정이다.

생물학적 속성 및 기능

인간의 뇌는 목적이 설정되면 그것을 달성하기 위해 신체 에너지를 준비하고 배분한다. 추구하던 목적을 상실하면 이미 배분된 신체 예산이 향해야 할 방향을 잃고 마는데, 이러한 감각을 '맥이 탁 풀린다', '김빠진다' 등의 말로 묘사한다. 그런 다음에는 무언가 채워져 있던 것이 빠져나간 느낌(허전함, 헛헛함)으로 지각된다. 힘도 빠지고 주의집중도 안 되는 멍한 상태가 되는 것이다.

사람들은 자신이 설정한 목표가 회생의 여지 없이 좌절되거나 주변 사람에 대한 기대가 완전히 꺾였을 때 허탈감을 경험한다. 허탈감은 목표나 기대의 상실에서 오는 일종의 슬픔과 함께 통제감의 상실(무력감)이 동반된 감정이지만, 서러움처럼 자의식이 개입된 감정은 아니고 경험 그 자체에 대한 반응에 가깝다. 이후 자신에 대한 생각이 개입되면서 슬픔이 찾아오면 상대에 대한 섭섭함이나 자신에 대한 서러움, 자신의 처지에 대한 처량함과 쓸쓸함으로 경험되기도 한다. 또는 섭섭함과 서러움을 표현하는 것조차 무의미하다는 생각이 들 때 허무함이 찾아오기도 한다.

허탈감은 추구하던 목표나 기대하던 주변인들로부터 완전히 분리될 수 있는 계기가 된다. 아무리 노력해도 달성할 수 없는 목표는 포기하는 것이 맞고, 기대해 봤자 실망만 안겨 주는 사람과는 헤어지는 편이 낫다. 그러나 반복적인 허탈감은 학습된 무기력과 우울로 이어질 가능성이 크다.

문화적 맥락으로 보는 허탈감

운명을 극복하는 개인의 노력을 강조해 온 서양 문화에서는 목표와 기대의 좌절은 말 그대로 '좌절(frustrated)감'으로 경험된다. 좌절한 개인은 내면이 붕괴되고 주저앉거나(collapsed) 분노하고 우울에 빠진다. 반면에 불교나 도교 등 인생의 무상(無常)함을 강조해 온 동양 문화의 전통에서는 목표와 기대의 좌절을 허탈함으로 경험하는 경향이 있다.

허탈감은 무상한 삶의 본질을 일깨우며 경험에 대한 태도를 변화시켜 좌절을 견디고 또 다른 일상을 살아갈 지혜로 연결되기도 한다. 물론 이는 동양 문화에서도 누구에게나 일어나는 심리적 과정은 아니다.

한편 한국인들에게는 자기관의 영향으로 매우 달성하기 어려운 주관적 목표와 기대들이 많다. 따라서 많은 목표의 좌절과 기대의 상실을 경험하게 되는데 그때마다 높은 수준의 좌절과 분노, 허탈과 우울을 느끼게 된다. 이러한 마음 습관을 보완하는 방법은 자신의 목표와 기대가 절대적인 기준이 아니라는 것을 깨닫는 것이다. 인간 모두가 달성해야 하는 목표 같은 것은 세상 어디에도 없으며 삶에서 성공과 실패, 행복과 불행은 모두 자신이 설정한 주관적 기준에서 비롯되기 때문이다.

♥ **이 감정, 어떻게 표현하고 이해할까**

허탈감은 비언어적으로 표현된다. 목적과 기대가 사라져 거기에 쓸 에너지도 방향을 잃은 상태다. 말 그대로 '초점 없는 눈동자'와 맥이 풀려 힘없이 늘어진 자세 등으로 표현된다. 허탈감이 자의식과 연결되면 섭섭함, 서러움, 쓸쓸함 등 슬픔의 표현이 나오기도 한다.

나 좀 내버려뒀으면 좋겠다는 마음

여력이 없는데 신경 써야 하는 괴로움, 귀찮음

사소한 것 하나라도 근거를 만들어 두지 않으면 간혹가다가 나중에 귀찮은 일이 생길 때가 있다. 공공기관뿐만 아니라 공적인 활동을 하는 모든 조직에서 행정 업무가 많은 이유다. 한 대학의 강의전담교수인 A에게도 때마다 처리해야 할 업무가 밀려들긴 마찬가지다. "귀찮아, 귀찮아, 귀찮아, 정말 귀찮아!" 강의 준비와 진행에만 쏟아도 모자랄 에너지를 행정 업무에까지 쏟아야 하다니 A교수는 답답했다. '아유, 하기 싫어.' 그래도 할 수 없이 A교수는 컴퓨터를 켜고 서류 파일을 열었다.

귀찮음

마음에 들지 않고 성가시다
bothering, annoying, 성가심

귀찮음은 어떤 일에 들볶이거나 신경을 쓰게 되어 괴로운 감정이다. 공포를 유발할 만큼 위험하지 않고 분노를 유발할 만큼 분명한 침해를 입는 것은 아니지만, 무시할 수도 없어서 신경이 쓰이고 짜증 나는 느낌을 '귀찮다(성가시다)'라고 한다.

생물학적 속성 및 기능

성가심은 불쾌한 느낌이라 할 수 있으며 내수용감각으로 경험된다. 성가시다는 말은 '성'이 가시다, 즉 사라졌다는 뜻인데, 이때 '성'은 '성마르다'의 성과 같은 의미로 보인다. 성질이 조급하고 신경질적이라는 '성마르다'의 뜻으로 미루어 볼 때 '성'은 사람을 느긋하게 해 주는 힘으로 볼 수 있다. 즉 '성가심'은 몸과 마음의 평형을 유지하는 어떤 힘이 사라진 느낌이다.

그러나 예기치 못한 일이 발생하면 이 문제를 해결하기 위해 배분된 신체 예산을 끌어다 사용해야 하는데 이때 여러 가지 불쾌하고 무리가 가는 느낌이 발생한다. 귀찮음을 일으킨 사건이 교감신경계를 활성화시킬 정도로 큰 에너지를 필요로 하지는 않지만 균형 있게 유지되던 신체 평형은 깨질 수 있다. 가슴이 뛰고 숨이 차는 격렬한 반응은 아니지만, 언짢은(속이 불편한) 느낌과 북받치는 열감 등 깔끔하지 않은 몸 상태로 불쾌함을 느낀다. 이러한 느낌이 강하면 때로 몸에 달라붙는 무언가를 떨쳐 내듯 도리질을 하거나 손사래를 치기도 한다.

귀찮음을 느끼는 것은 그 대상 혹은 문제를 떨쳐 버리고 싶다는 뜻이다. 그럼에도 불구하고 쉽게 떨어져 나가지 않거나 반드시 그 문제를 처리해야 할 때 귀찮음(성가심)을 느낀다. 때로 귀찮음의 표현이 이 대상(또는 문제)을 회피하고 싶다는 의도를 전달하기도 한다.

귀찮음은 교감신경계를 본격적으로 활성화시키지는 못하기 때문에 적극적인 문제 해결의 의지로 이어지지 않는다. 또는 이미 신체 예산이 소진되어 교감신경계를 작동시킬 만한 충분한 에너지가 없을 수도 있다. 귀찮다는 감정이 든다는 것은 문제에서 떨어져 쉬고(에너지를 회복하고) 싶다는 뜻에 가깝다.

문화적 맥락으로 보는 귀찮음

당면한 문제를 해결할 에너지가 부족하여 그것으로부터 떨어지고 싶은 욕구와 신체의 느낌은 문화 보편적일 것이다. 영어의 bothering과 annoying도 성가심/귀찮음과 거의 같은 맥락에서 대개 같은 의미로 사용된다. 세분화하자면 성가심은 그러한 상황에서의 내수용감각, 귀찮음은 상황 자체에 대한 평가 및 문제 해결의 의지와 관련된 표현이다.

♥ **이 감정, 어떻게 표현하고 이해할까**

'귀찮다, 성가시다'라는 언어 표현으로 드러난다. 비언어적으로는 짜증스러운 표정, 지친 몸짓, 뭔가를 떨쳐 내려는 제스처 등으로 표현될 수 있다. 한편 귀찮다는 말을 입에 달고 사는 사람은 에너지가 소진되었거나 뭔가를 처리할 의지가 없다는 메시지를 보내는 것일 수 있다.

마음대로
일이 되지 않을 땐

좁은 곳에 갇힌 것처럼 괴로운 답답함

A는 한 회사에서만 근무한 지 어느덧 7년이 넘었다. 일은 그다지 어렵지 않았지만 새로운 변화도 없고 발전도 없는 생활에 언제부터인가 A는 뭔지 모를 답답함을 느꼈다. 이직을 해 보려고 다른 회사들도 알아봤지만 이직은 A의 마음처럼 그리 쉽게 되지 않았다. '어떻게 하면 이 단조로운 생활을 벗어날 수 있을까?' 머리를 쥐어짜 봐도 뽀족한 수가 떠오르지 않았다. A는 찬바람이라도 맞아야 답답함이 조금이라도 풀릴 것만 같아 창문을 활짝 열어 본다.

답답함

어떤 일이 뜻대로 되지 않거나 후련하지 않아 애가 타고 안타까움

답답함은 불만족 차원의 감정으로 어떤 일이 뜻대로 안 되거나 경과가 시원스럽지(후련하지) 않아 애타고 안타까운 감정이다.

생물학적 속성 및 기능

답답함은 좁은 공간에 갇히거나 무거운 것에 눌렸을 때, 또는 옷을 많이 겹쳐 입거나 매우 두터운 이불을 덮은 것처럼 자유롭지 못한 느낌이다. 물리적 또는 심리적 이유로 신체 항상성에 문제가 생겨 혈액, 호흡, 소화 등에 지장이 생겼을 때의 내수용감각에서 비롯된 표현이다. 답답함은 상당히 주관적인 감정으로 진행되는 일이 본인의 목표나 기대치에 도달하지 못했을 때, 또는 생각만큼 잘되지 않을 때 느끼는 감정인데, 그러한 목표나 기대치, 믿고 있는 일의 진행 속도 등은 전적으로 주관적 기준을 따른다.

답답함을 느끼는 사람은 답답함을 해소하고 시원함, 후련함, 홀가분함 등의 상태에 도달하려는 동기를 갖는다. 답답함을 자주 그리고 많이 느끼는 사람은 같은 상황에서 답답함을 덜 느끼는 사람보다 훨씬 많은 일을 높은 기대 수준으로 수행할 것이다. 대신 조바심(초조함), 안타까움, 아쉬움, 실망, 절망 등의 부정적 감정도 훨씬 더 많이 경험하게 된다.

답답함을 드러내는 것은 자신의 상태를 다른 사람들에게 알려 도움받을 가능성을 높인다. 한편 타인의 행동에서 느끼는 답답함

을 표현하는 것은 일종의 독촉 기능을 한다. 나에게 중요한 사람이 나를 답답해 한다면 그의 답답함을 해소시켜 주기 위해 일을 서두르거나 속도를 높이려고 노력하게 될 것이다.

문화적 맥락으로 보는 답답함

높은 자기 가치감으로 주관적 기대 수준이 높은 한국인들은 '일이 자신의 뜻대로 풀리지 않는' 다양한 맥락에서 답답함을 느낄 수 있다. 아쉬움과 실망/절망이 자신의 기대에 미치지 못한 결과에 대한 감정이라면, 답답함은 일이 아직 진행 중인 상황에서 일의 경과가 기대에 미치지 못했을 때의 감정이라 할 수 있다.

답답함을 경험하는 또 다른 맥락은 통제감의 상실, 즉 무력감을 느꼈을 때다. 상황을 바꾸기 위한 여러 노력을 했음에도 변화가 없을 때 사람들은 답답함을 느낀다. 개인주의 문화에서는 이러한 감정을 좌절감(frustrated)으로 분류한다. 즉, 답답함은 개인의 능력이나 자질보다는 상황적 요인에 민감한 집단주의 문화의 감정 경험이라고 할 수 있다. 한국인들의 감정 경험에 있어서 답답함은 다른 감정에 추가되어 그 감정을 증폭시키는 역할을 하는 듯하다.

♥ **이 감정, 어떻게 표현하고 이해할까**

답답함은 '답답하다'는 직접적 언어 표현으로도 많이 드러나고, 상황 등이 '꽉 막혔다'는 식으로 표현되기도 한다. 혈액순환, 호흡, 소화 등에 문제가 있는 듯한 표정과 자세를 보이기도 하고, 실제로 그런 신체 증상이 나타나기도 한다. 내수용감각이 커지면 막힌 기혈을 뚫으려는 듯 가슴을 치기도 한다.

지나치게 조바심이 날 땐 목표를 수정하라

예상되는 부정적 결과에 대한 초조함, 조바심

A교수는 지방에 강연을 가는 중이었다. 아무래도 너무 늦게 출발한 것인지 자동차의 내비게이션에 뜬 예상 도착 시간은 강연 시작 시간과 거의 겹쳐 있었다. 엎친 데 덮친 격으로 길까지 막히기 시작했다. 도착 시간이 1분씩 늦어질 때마다 A교수는 더 조바심이 났다. 이번 강연은 지역의 큰 단체에서 주관하는 중요한 행사인데, 늦는 것은 상상도 하기 싫었다. A교수는 입이 바짝바짝 마르고 온몸이 따끔거리는 걸 느끼며 초조하게 운전대를 움켜쥐었다.

조바심

닥쳐올 일이 걱정되어 불안함
nervousness, 조마조마하다, 초조하다, 애타다

불안이 잠재적 위험에 대한 신체적, 심리적 반응이라면 조바심은 곧 닥쳐올 일에 대한 불안이라 할 수 있다. 조바심은 불안보다 심리적 위기감이 더 큰 감정이다. 해야 할 부담스러운 일이 코앞으로 다가오거나 정해진 기한 내에 도달해야 할 목표가 있을 때 조바심을 느낀다.

생물학적 속성과 기능

조바심의 생물학적 반응은 심박수와 호흡 증가 등 교감신경계의 활성화로 인한 내수용감각으로 '불안'과 유사하지만 시간 압박을 받기 때문에 불안보다 강하다. 가슴이 두근거리고 숨이 가빠지며 신경이 곤두서는(nervous) 증상 외에 입이 마르고 속이 불편한 느낌이 동반되는데, 이러한 느낌을 우리말로는 '애가 탄다'고 하고 한자어로 '초조(焦燥)하다'고 표현한다. 말 그대로 속(내장)이 타고 마르는 느낌이다. 한편 '애가 타고 초조하다'는 말은 조바심 외에도 슬픔, 사랑, 그리움 등 여러 감정의 강도를 표현하는 데 두루 쓰인다.

조바심은 교감신경계의 긴장과 관련 있는 감정이다. 교감신경계는 투쟁-도주 반응을 위해 신체를 긴장시키는데, 그 결과 당면한 문제를 해결하는 데 도움될 수 있다. 직면할 위험이 무엇인지

알 수 없는 막연한 불안으로 인한 긴장은 신체에 무리를 주지만, 처리해야 할 일이 눈에 보이는 상태에서 적절한 긴장은 집중력과 활동성을 높여 문제 해결을 돕는다. 하지만 지나친 조바심은 오히려 집중을 방해하고 문제 대처 능력을 떨어뜨릴 수 있다. 보통 조바심은 집중력보다는 스트레스가 크다는 의미에서 쓰인다.

조바심은 자신의 목표와 관련하여 느끼는 감정이다. 달성할 목표가 있는데 시간이 모자라거나 목표에 도달하지 못할 것 같을 때 조바심이 난다. 조바심이 나면 서두르게 되지만 스트레스도 커지기 때문에 오히려 일을 그르치는 경우가 많다. 어떤 일을 두고 지나치게 조바심이 난다면 목표를 달성할 시간을 재설정하거나 도달할 수 있는 수준으로 목표를 조정하는 편이 낫다.

조바심과는 약간 다른 '초조함'

조바심과 초조함의 내수용감각은 동일하지만 의미는 다소 다르다. 조바심이 목표 달성과 관련해서 느끼는 압박감이라면 초조함은 속이 타고(焦) 입이 바짝바짝 마르는(燥) 내수용감각 자체를 뜻한다. 따라서 초조함은 목표와 관련한 맥락 외에도 당혹감, 그리움 등의 다양한 상황에서 느낄 수 있다.

문화적 맥락으로 보는 조바심

조바심은 교감신경계의 흥분에서 비롯되는 불안의 한 형태로, 달성해야 할 목표와 시간의 지각과 관련 있는, 자의식이 개입된 불안이다. 보통 신경이 곤두서고(nervous) 초조(애타는 느낌)하다는 내수용감각으로 느껴진다. 한국에 '조바심'이라는 단어가 별도로 존재한다는 것은 한국인들에게 목표 달성이 매우 중요하다는 뜻이다. 이는 우선 개인의 목표보다는 집단의 목표를 강조하는 집단주의 문화에서 집단 구성원이 의무적으로 달성해야 하는 목표(의무, 책무, 도리)에 초점이 맞춰진 감정일 수 있다.

또 한 측면에서는 자기 가치감이 높고 주체성 자기가 우세한 한국인의 자기개념에서 비롯되는 감정일 가능성도 있다. 자기의 가치를 충족하고 타인에게 영향력을 행사하기 위해서는 목표를 높게 설정해야 하며, 그에 따라 목표 달성에 대한 주관적 압박도 커지기 때문이다. 사회적으로 달성해야 할 기준들이 있고 그것을 달성해야 한다는 압박감이 클수록 조바심도 커진다.

한편, 목표 달성과 관련하여 시간에 쫓기고 조급하게 느껴지는 마음이 조바심이라면, 그 반대의 여유로운 마음을 '느긋함'이라고 한다. 조바심과 느긋함은 개인의 성격과 관련 있다. 특히 강박적 성격을 가진 사람은 매사에 조바심을 느낄 가능성이 크다.

♥ **이 감정, 어떻게 표현하고 이해할까**

조바심은 초조하고 안절부절못하는 행동으로 드러난다. 혈행이 좋지 않아 안색이 나쁘고 시선 처리가 불안정하며 두서없는 언행으로 불안한 마음을 드러낸다. 불명확하고 달성 가능성이 없는 목표에 대한 조바심이 계속되면 몸과 마음에 미치는 스트레스는 더 커진다.

후회할 줄 알아야
더 나은 미래를 꿈꿀 수 있다

자신이 초래한 부정적 결과에 대한 감정, 후회

A는 짜장면이냐 짬뽕이냐를 두고 심각한 고민에 빠졌다. 짭짤하고 고소한 짜장소스에 비벼 먹는 윤기 나는 짜장면, 빨간 국물의 얼큰한 짬뽕. 자주 먹는 메뉴지만 매번 고민에 빠진다. "난 짬뽕!" 친구 B가 재빨리 짬뽕을 주문했다. '그럼, 난 짜장면을 먹을까?' 망설이다 결국 짜장면을 시킨 A는 맛있게 짬뽕을 먹는 B를 보며 바로 후회했다. 하필 오늘따라 배달을 시킨 짜장면이 불어서 도착했기 때문이다. "아, 짬뽕 시킬걸!" A는 떨리는 손으로 떡 진 짜장면을 비비기 시작했다.

후회

이전의 잘못을 깨치고 뉘우치는 마음
repent, regret, 뉘우침, 회한

후회는 자신의 행위가 바람직하지 못한 결과를 초래했을 때 잘못을 깨닫고 뉘우치는 행위 또는 그러한 과정에서 드는 부정적 감정이다. 죄책감과 유사하지만 죄책감이 사회적으로 잘못된 행위를 하고 난 뒤의 감정이라면 후회는 행위 자체가 사회적으로 잘못되었다기보다는 행위의 결과가 부정적인 경우의 감정이다.

생물학적 속성 및 기능

후회라는 행위는 일종의 상향적 사후 가정 사고에 해당한다. '조금만 더 잘했으면 더 좋은 결과가 있었을 텐데', '그때 그렇게 하지 않았다면 지금은 더 나은 상황일 텐데' 등 자신이 한 일에 대한 더 나은 결과를 생각하며 안타깝고 부정적인 감정이 드는 것이다. 후회의 내수용감각은 '속상함, 쓰라림, 안타까움' 등으로 표현된다. 지난 일을 바꿀 수 없다는 무력감과 답답함이 커지면 가슴을 치는 행동이 나타나기도 한다.

부정적인 감정을 느끼고 나면 사람들은 그러한 감정의 이유를 찾아 재발을 막으려 한다. 후회를 느끼는 사람들은 과거의 상황을 복기하고 자신의 잘못을 반성하면서 더 나은 미래를 맞이할 수 있다. 사회적으로 후회를 표현하는 것은 그 사람이 자신의 행동이 잘못이라 느끼고 있으며, 다시는 그러한 행위를 반복하지 않겠다는 의지를 전달한다. 반면, 어떠한 일에도 후회하는 모습이 없는 사람은 자기 향상에 대한 동기가 없거나 타인에 대한 배려가 없는 사람으로 보일 수 있다. 반성과 성찰은 성숙한 인간의 기본적 요건이다.

하지만 너무 모든 일에 후회하는 사람도 건강하다고 할 수 없다. 후회란 이미 일어난 일에서 비롯되는 감정이다. 매사에 후회한다는 것은 지나치게 과거에 얽매인다는 뜻이며, '지금 그리고 여기(here and now)'에 집중하지 못하게 된다는 뜻이다.

'뉘우침'보다 더 널리 쓰이는 후회

'뉘우치다'는 주로 도덕적, 윤리적인 잘못에 한정된다(죄책감). '도둑은 잘못을 뉘우쳤다'처럼 뉘우친다는 말에는 다시는 그러지 않겠다는 도덕적 결심이 담겨 있다. 반면 '후회하다'는 보다 넓은 의미로 쓰인다. 도덕적, 윤리적 잘못을 뉘우치는 의미로도 쓰이지만, '그 옷을 괜히 샀다며 후회했다'처럼 과거의 행동을 반성하는 데 더 초점이 있다.

문화적 맥락으로 보는 후회

후회는 개인의 선택과 결정이 스스로의 운명을 결정짓는 개인주의 문화에서 더 많이 경험되는 심리적 과정이자 감정일 수 있다. 하지만 집단주의 문화에서도 구성원으로서의 의무나 집단 내의 역할 등 후회를 경험할 맥락은 많다. 또한 자신이 '더 나은' 결과를 얻을 자격이 충분하다고 생각하는 사람일수록(또는 그런 문화에서) 더 많이 그리고 더 크게 후회를 경험한다. 자기 가치감이 높고 주체성 자기가 발달한 한국인들은 자신과 관련된 여러 기준들을 높게 설정하고 그에 미치지 못하는 결과에 대해 부정적으로 평가하며 후회할 가능성이 높다.

♥ **이 감정, 어떻게 표현하고 이해할까**

후회는 과거 자신의 행위에 대한 부정적인 감정이다. 수치심이나 죄책감처럼 내적 혹은 사회적 기준에 도달하지 못한다는 감정이라기보다는 자신이 저지른 행위 자체에 대한 감정 또는 그러한 일을 저지른 자신에 대한 감정이라 할 수 있다. 따라서 수치심이나 죄책감 같은 외적 표현보다는 안타깝고 속상한 내적 감각으로 경험된다. 후회하는 사람은 계속 그 생각을 하면서 더 나은 결과를 끊임없이 상상하며 괴로워한다. 따라서 후회의 감정은 어두운 표정, 웅크리거나 머리를 감싸쥐는 자세, 가슴을 치는 행위, 내적 갈등에서 오는 신음과 탄성 등 개인적인 표현으로 드러나는 경향이 있다.

억울하고 서러워도 삶은 이어져야 하기에

해결되지 않은 억울함이 응어리진 마음, 한(恨)

과거 국가가 조작한 사건의 피해자인 A는 하루아침에 가족을 잃고 재직하던 직장에서도 쫓겨났으며 수십 년을 감옥에서 보내야 했다. 수감 생활을 마친 이후에도 A는 가난하고 힘든 삶을 살아가야 했다. 최근 과거사위원회의 노력으로 A의 사건이 재조명되었고 A의 명예는 회복되었으나 그 무엇으로도 지난 세월을 보상받을 수는 없었다. "이제나마 일이 잘 해결되어 다행이지요."라고 말하는 A의 가슴속 굳게 맺힌 응어리는 여전히 풀리지 않았다.

한

안타까워 마음에 잊히지 않고 맺힌 듯함
한(恨), 통한(痛恨), 회한(悔恨),

한(恨)은 한국을 대표하는 문화적 감정 중 하나다. 과거에 경험한 슬픔, 분노, 괴로움 등이 시간의 흐름에 따라 특정한 심리적 과정을 거쳐 도달하는 단계의 감정이다.

속성 및 기능, 발생 과정

한국인들은 자기 가치감에 손상을 입으면(자존심 상함) 상당한 심리적 충격을 받는데, 이는 일차적으로 '억울함'으로 경험된다. 억울함은 지금 자신이 처한 상황이 매우 부당하다는 데서 비롯된 일종의 분노다. 분노의 초점이 외부로 향하면 자존심을 회복하기 위한 공격적인 행동으로 표출되지만, 내부로 향하면 자신의 부족함과 무능력에 대한 자괴감(自愧感)으로 지각되는데, 이러한 상황이 해결되지 않고 지속된다면 답답함이 추가된다.

이러한 감정은 매우 큰 스트레스를 동반하기 때문에 바로 해결되어야 바람직하지만, 상황과 맥락, 문화적 규범 등의 이유로 해결되지 못하는 경우가 많다. 그러나 신체의 항상성을 회복하고 관계를 유지하며 일상생활을 이어 나가야 하므로 사람들은 억울함의 원인을 내부 귀인함으로써 활성화된 감정의 수준을 낮춘다. 다시 말해 이렇게 부당한 일을 경험한 이유의 초점을 내부, 즉 자신의 탓으로 여기는 것이다. 이 과정을 통해 억울함은 '서러움', 즉 통제감의 상실에서 비롯된 자기 관여적 슬픔으로 바뀐다. 서러움에는 자신의 처지에 대한 연민과 바뀌지 않는 외부 상황에 대한 무력감이 포함된다. 이 과정이 끝까지 이루어지지 않으면 억울함과 답답함은 그대로 남아 화병이 되기도 한다.

이후, 오랜 시간이 지나며 서러움은 한(恨)으로 변화한다. 억울함과 서러움은 거의 희석되겠지만 과거의 상처와 고통이 마음에 흔적을 남긴 상태가 된다. 문화적으로 한국인들은 이를 '한이 맺혔다'고 표현한다. 평소에는 잊고 살지만 떠올리면 다시 그때의 감정들이 되살아난다. 물론 초기 감정인 억울함이나 적응 과정의 서러움이 아니라 세월의 영향으로 숙성되고 침전된 감정이다. 내가 겪은 일이 나한테만 일어나는 일이 아닌, 세상 누구에게나 있을 수 있는 일이라는 객관화가 일어나 초연(超然)해지기도 한다. 이 단계의 한은 뭉근한 슬픔과 씁쓸함, 쓸쓸함으로 경험된다. (억울함 → 서러움 → 한)

한(恨)은 '적응'이라는 문화적 기능을 한다. 자기 가치에 입은 손상은 심각하지만 이를 즉각적으로 회복하기란 쉬운 일이 아니다. 그럼에도 삶은 이어져야 하기에 사람들은 억울함을 겪은 탓을 자신에게 돌리고 세상이 원래 그렇다며 감정을 추슬러 왔다. 이러한 심리적 과정은 돌을 품은 조개가 진주를 만드는 것처럼 삶의 지혜로 작용하기도 한다.

한편 한은 세 단계를 거쳐 정적이고 초연한 감정이 되지만 모든 한이 정적인 상태로 마무리되는 것은 아니다. 한(恨)은 강력한 해한(解恨), 즉 한풀이의 동기로도 작용한다. 고통스러운 내부 귀인의 결과는 역설적이게도 통제감 획득으로 이어진다. '내가 못 배워서 당했다'고 생각하는 사람은 공부를 하고, '내가 돈이 없어서 당했다'고 생각하는 사람은 돈을 벌려고 하며, '내가 힘이 없어서 당했다'고 생각하는 이는 힘을 가지려고 한다. 그리고 언젠가는 내게 억울함과 서러움을 주었던 상황을 극복하는 결과를 맞이한다. 한국에서 공부 못한 부모 세대의 한이 세계 최고 수준의 교육열로 이어졌으며, 없이 살았던 한을 풀다 보니 경제대국이 된 것처럼, 한은 역사적으로 자기 향상의 동기나 사회 변화의 에너지로 작용해 왔다.

한(恨)의 초기 감정 그 자체인 '원한(怨恨)'

문화적 감정으로서의 한(恨)은 초기의 억울한 감정이 내부 귀인과 객관화의 과정을 거쳐서 순화된 감정이다. 한을 풀겠다는 해한의 동기는 남아 있지만, 자신에게 부당함을 안긴 이에 대한 복수라기보다는 명예 회복의 성격이 짙다. 반면 원한(怨恨)은 부당한 일을 당한 초기의 마음 그대로의 감정이다. 원한은 상대에게 복수를 함으로써 풀릴 수 있다.

문화적 맥락으로 보는 한(恨)

동서고금을 막론하고 민초들이 겪었던 부당한 경험들과 나보다 더 잘난 사람과의 비교를 통한 상대적 박탈감은 보편적일 것이다. 그럼에도 불구하고 한국인들이 한(恨)을 문화적으로 표상해 왔다는 사실은 그러한 경험들이 한국인에게 더 중요한 의미가 있다는 점을 시사한다. 앞서 서술한 한국인들의 자기관과 마음 경험의 방식 때문일 것이다.

한국 문화에서 한의 중요성은 신명과의 관계에서 두드러진다. 예로부터 한은 반드시 신명과 함께 언급되어 왔다. 신명은 한국 문화에서 가장 긍정적인 감정으로, 가장 부정적인 감정인 한(恨)을 먼저 이해해야만 깨달을 수 있는 감정이다.

요약하자면, 신명은 해한, 즉 한을 풀겠다는 동기에서 비롯되는 기쁨이다. 신명은 실제로 한이 풀리고 난 뒤의 기쁨일 수도 있고, 한을 푸는 과정에서의 즐거움일 수도 있으며, 절망적이고 한스럽기만 한 상황에서 억지로라도 살아갈 힘을 내기 위한 동기가 될 수도 있다.

♥ **이 감정, 어떻게 표현하고 이해할까**

현대 한국인들은 한(恨)을 문화적 의미 그대로 경험하지 않는다. 지금은 과거와 같은 전통적 신분사회가 아니고, 자신이 경험한 억울함을 해소할 수 있는 방법도 많아졌기 때문이다. 그러나 도처에서 분출되는 불공정이나 부당함에 대한 반발, 억울함의 호소는 여전히 한국인이 한(恨)의 민족임을 말해 준다. 자신이 겪은 부당한 일에 대해 자기 탓을 하기 시작하면('흙수저로 태어난 내 잘못이지'), 한의 2단계(서러움)로 들어간 증거라고 볼 수 있다.

혼란스러운 사람에게는 충분한 시간이 필요하다

상황 파악조차 안 되는 느낌, 혼란스러움

A는 새 학기부터 B교수의 조교로 일하게 되었다. B교수는 평소 감정 기복이 심하기로 학생들 사이에서 악명이 높았기에 아무리 조심스레 행동해도 B교수의 마음에 쏙 들기는 어려워서 A는 매일 안절부절못했다. 하루는 뭔가 잘못한 일로 얼굴이 벌개지도록 정신없이 혼나고 난 다음이었다. 퇴근 시간이 되자 B교수는 언제 그랬냐는 듯 활짝 웃으며 A에게 인사하고 교수실을 나섰다. 매번 그래 왔듯이 A는 자신의 혼란스러움을 감추며, 나가는 B교수의 뒤통수에 인사를 했다.

혼란스러움

갈피를 잡을 수가 없게 뒤섞여서 어지러움
uncomfortable, confused, 헛갈리다, 미심쩍다, 찜찜하다, 모호하다

혼란스러움은 자신의 경험이 어떤 의미인지 파악이 되지 않을 때의 감정이다. 당혹감과 비슷하지만 자신의 행동이 상황이나 경우에 맞지 않을 때의 감정이 당혹감이라면, 혼란스러움은 자신이 처한 상황에 대한 해석조차 어려운 느낌이다.

생물학적 속성 및 기능

혼란스러움은 상황이 예측했던 대로 흘러가지 않음을 뜻한다. 배분해 두었던 신체 예산에 문제가 생기고 몸 안에서는 예측하지 못한 상황에 대처하기 위해 여러 반응이 나타난다. 이러한 반응들은 혹시 모를 위협에 대처(투쟁-도주)하기 위한 교감신경계의 작용과 관계가 있다. 원활했던 순환이 막히는 느낌(답답함)과 함께 흥분을 불러일으키는 신경전달물질 등의 영향으로 평정심이 깨지고 마음에 동요가 일어난다(개운치 않음). 사태를 파악하기 위해 주의가 분산되고 적절한 행동을 탐색하기 위해 신경이 곤두서는 느낌이 든다.

혼란스러움은 의미가 불분명한 갑작스러운 사건을 경험했을 때 잠재적인 위협에서 스스로를 보호해 준다. 그 사건이 좋은 결과로 이어질 수도 있지만 그렇지 않을 수도 있기 때문에 불분명한 상황에서 인간의 뇌는 일단 교감신경계를 작동시킨다. 교감신경계는

투쟁-도주라는 본연의 목적에 맞게 우리의 몸을 준비시키며 생존을 위한 반응 시간을 단축시킨다. 사건의 의미를 파악하느라 시간을 낭비한다면 그 사건이 위험한 것으로 밝혀졌을 때 생존 가능성이 떨어질 것이다. 그러나 사건의 의미가 불분명한 채로 시간이 지속되면 교감신경계가 활성화되어 있는 시간도 늘어나고 이는 불쾌감으로 지각된다.

혼란스러움은 즉각적인 판단을 늦춰 더 큰 불행을 막아 줄 수도 있다. 혼란스러울 때는 중요한 판단을 하기가 어려워지므로 시간을 갖고 상황을 파악해야 한다. 누군가가 혼란스럽다고 말하는 것은 판단할 시간이 필요하다는 의미 혹은 지금 그 판단을 하고 싶지 않다는 의미일 수 있다. 혼란스러움 다음으로 사건의 의미와 원인을 파악하고자 하는 마음이 커지면 '의혹'과 '의구심'이 된다.

혼란스러움과 '찜찜/찝찝함'

'찜찜함'은 마음에 꺼림칙한 느낌이 있는 것이고, '찝찝함'은 마음에 걸려 개운하지 않은 느낌이다. '혼란스러움'이 갈피를 잡을 수 없는 상황에서 어쩔 줄 몰라 하는 감정이라면, 찜찜함 또는 찝찝함은 정확한 이유는 몰라도 뭔가 마음에 걸리는 느낌이다. 혼란에 빠질 정도로 신체 예산이 꼬인 것은 아니지만 그 무엇인가가 계속 신경이 쓰이고 불편하여 다른 일에 집중하기는 어려운 감정이다. 이는 '개운하지 않다'는 내수용감각으로 경험된다.

혼란스러움의 이유로 의심되는 '의혹/의구심'

혼란스러움이 답을 찾을 수 없는 상황에서 느껴지는 감정이라면, '의혹'과 '의구심'은 혼란함에 대한 나름의 이유를 특정하고 의심이 드는 마음이다. 의심의 대상에게 주의가 집중되고 그 사실 여부에 따라 분노, 공포 등의 감정으로 이어질 수 있다. 이는 투쟁-도주 반응을 결정한다.

의혹/의구심과는 다른 '호기심(好奇心)'

호기심은 새롭거나 신기한 것에 끌리는 마음으로, '알고 싶다는 마음'이긴 하나 의혹 및 의구심과는 다르다. 오히려 흥미롭고 재미있는 것을 찾으려는 동기에 가깝다.

문화적 맥락으로 보는 혼란스러움

불분명하고 불확실한 상황에 대한 반응은 개인과 문화에 따라 다르다. 모든 것이 잘 계획되고 정리되어 있어야 하는 강박적 성격의 사람들은 불분명한 상황에 엄청난 스트레스를 받지만 만사에 느긋하고 태평한 사람들은 별로 그러지 않을 것이다. 사회심리학자 홉스테드는 불확실한 상황에 대한 민감성을 의미하는 불확실성 회피라는 문화의 차원을 제안하였다. 그의 연구 결과에 의하면 남유럽과 남미의 국가들이 불확실성 회피 성향이 높았고 아프리카, 북유럽계 국가들은 불확실성 회피 성향이 낮게 나타났다. 아시아 국가들은 불확실성 회피 성향이 대개 낮았으나 한국은 일본과 함께 불확실성 회피 성향이 높은 국가에 속했다.

홉스테드는 종교와 불확실성 회피 성향의 관계를 제안했다. 남유럽과 남미는 가톨릭 국가들이 많은데 가톨릭과 교회는 오랫동안 사람들의 마음에 '확실한 것'에 대한 인상을 남겼으리라는 것이다. 다양한 종교와 융합적이고 포용적인 사상을 가진 지역의 국가들이 불확실성 회피 성향이 낮은 것은 그 반대의 이유 때문이다. 한편, 한국과 일본이 아시아 국가임에도 불구하고 불확실성 회피 성향이 높은 것은 두 나라에서 빠른 시간 동안 서구화가 이루어졌고 성장을 위해 상대적으로 '확실한' 성장 모델을 따라왔다는 사실과 관계가 있을 것이다.

또 다른 관점에서, 개인주의 문화는 혼란스러움을 부정적으로 평가하는 경향이 있지만 집단주의 문화에서는 그렇지 않을 가능성이 크다. 개인주의 문화란 독립적으로 기능하는 개인이 명확하게 자신의 의사와 감정을 표현할 것을 기대하지만, 집단의 조화를 우선하는 집단주의 문화에서는 때로 간접적이고 우회적인 감정 표현이 바람직하게 여겨지기 때문이다.

♥ 이 감정, 어떻게 표현하고 이해할까

시선이 흔들리거나 호흡이 불안정하고 같은 자세를 유지하지 못하는 등 불안한 행동을 취할 때가 많다. 혼란스러워 하는 사람에게는 스스로 자신의 감정을 파악할 수 있도록 충분한 시간을 주거나 혼란이 의문으로 넘어간 다음에는 그 의문에 대한 답을 찾을 수 있도록 도와주어야 한다.

'잘 모르겠어요'는 특히 한국인들에게 감정이나 기분을 물어볼 때 많이 나오는 대답이다. 이를 두고 자신의 감정을 모른다고 해석하는 것은 오류다. 집단주의 문화에 속해 있는 한국인들이 불편한 감정을 우회적으로 표현하는 방식일 수도 있고, 상대방이 말을 하지 않고도 자신을 이해해 주기를 바라는 문화적 동기에 의한 것일 수도 있기 때문이다.

부록

신체적 느낌, 맛, 온도로 표현하는 한국인의 감정

내수용감각으로 표현하는 감정

한국어에는 감정이 불러일으키는 신체적 느낌에 관한 표현이 많다. 여기서는 신체의 여러 명칭에 따라 그와 관련된 표현을 정리해 보았다. 각 세부 감정의 구체적인 특징은 앞선 챕터들에서 확인할 수 있다.

1. 안 : 장기들이 들어 있는 신체 안쪽(내부)

   안타깝다 = 안이 타는 듯하다 → 초조함

   안쓰럽다 = 안이 쓰라리다 → 불쌍함

   언짢다 = 안(언)이 편치 않다 → 불쾌

   아니꼽다 = 안이 꼬인 듯하다 → 불쾌

2. 속 : 장기들이 들어 있는 신체 속(내부)

   속상하다 = 속이 상하는 듯하다 → 스트레스

   속 타다 → 초조함

   속 쓰리다 → 아쉬움

속이 뒤집어지다 → 혐오, 역겨움

속이 울렁거리다 → 긴장, 불쾌

3. 애 : 장(腸, 창자)을 뜻하는 우리말

　애처롭다 → 측은함, 불쌍함

　애타다 → 초조함, 안타까움

　애달프다 → 슬픔

　애잔하다 → 슬픔

　애끊다 = 애가 끊어지는 듯하다 → 슬픔

　애틋하다 → 그리움, 정, 사랑

　애쓰다 → 힘겹게 노력하다

4. 장(腸) : 창자, 내장

　환장(換腸)하다 = 장의 위치가 바뀌는 듯하다 → 스트레스

　단장(斷腸) = 장이 끊어지는 듯하다 → 슬픔

5. 배알/밸 : '창자'를 낮춰 부르는 말. 성미나 자존심 또는 자기만의 생각이 자리 잡은 가상의 처소를 비유적으로 이르는 말

　밸도 없다 = 자존심도 없다 → 자존심

　배알 꼴리다 → 불쾌/불만족, 못마땅함

6. 가슴(심장) : 심장의 움직임과 관련된 표현

　가슴이 뛴다, 두근거린다, 쿵쾅거린다, 벌렁거린다

　→ 공포/분노/사랑

가슴이 설렌다 → 사랑/재미

심쿵 = 심장이 쿵하고 내려앉다 → 사랑

7. **가슴(폐부) : 폐부의 느낌과 관련된 표현**

가슴 저미다 = 가슴을 칼로 저며 내는 듯한 느낌 → 슬픔

가슴이 찢어지다 → 슬픔

가슴이 먹먹하다 → 슬픔

가슴이 뭉클하다 → 슬픔/감동

가슴 졸이다 → 근심

가슴이 답답하다 → 무력감/부담감

가슴이 간질간질하다 → 설렘/감동

※ 부아(폐)가 치민다 → 숨이 턱 막힐 정도로 화가 남

8. **기타 신체 관련 표현**

피부/몸	간지럽다(근질근질하다) → 설렘, 조바심
	따끔따끔하다 → 초조함
	짜릿하다 → 기쁨, 환희
눈	눈시울이 뜨거워진다 → 슬픔, 감동
	눈물이 흐른다 → 슬픔, 감동
코	콧날이 시큰해진다 → 슬픔
입	입이 마르다 → 초조함, 긴장
기(氣)	기가 막힌다 → 답답함, 무기력
	기가 죽다 → 의기소침, 에너지 감소
	기가 살다 → 의기양양, 에너지 증가

맥(脈)　　　맥이 탁 풀린다 → 긴장 해소, 무력감
　　　　　　맥없다 → 무력감
성(性)　　　성미, 성질, 성깔
　　　　　　성나다 → 분노, 화
　　　　　　성마르다 → 조바심

9. 탄(歎) : 한숨, 신음, 감탄사, 탄식, 비명 등이 입 밖으로 나옴. 감정의 정도가 커서 몸 밖으로 내보낼 정도라는 뜻

　탄식(歎息) = 근심이나 원망 따위로 한탄함
　감탄(感歎) = 마음속 깊이 느끼어 탄복함
　경탄(驚歎) = 몹시 놀라며 감탄함
　찬탄(讚歎) = 좋은 점을 들어 칭찬하며 감탄함
　한탄(恨歎) = 뉘우치는 일이나 원통한 일에 한숨을 쉬며 탄식함

맛으로 표현하는 감정

우리말의 감정 표현 중에 맛과 관련된 표현들이 있다. 맛이란 어떤 음식을 먹을 때의 감각으로, 어떠한 경험에 대한 반응이라는 점에서 감정과 공통분모가 있다. 따라서 어느 문화나 감정을 맛으로 표현하는 방식이 있다. 한국인들도 자신이 경험한 일을 받아들이면서 스스로 부여한 의미에 따라 다양한 맛(입과 혀, 넘길 때 목구멍의 느낌 등)으로 표현해 왔다. 맛을 나타내는 전통적인 오미(五味: 단맛, 짠맛, 신맛, 쓴맛, 매운맛)를 비롯한 맛과 관련된 감정 표현들을 살펴보자.

1. 오미(五味)

① 단맛 : 설탕 등 당류의 맛. 단맛이 나는 물질은 에너지를 낼 수 있게 해 줄 뿐 아니라 자연적으로 독을 가진 것이 드물어 먹기에 안전하다. 그래서 사람을 비롯한 대부분의 동물들은 단맛을 선호한다. 즉, 단맛으로 표현되는 경험은 매우 기분 좋고 흡족하다는 뜻이다.

달콤하다 = 마음이 끌리게 아기자기하고 기분이 좋다
달갑다 = 마음에 들어 기분이 흡족하다
달달하다 = 남녀 간 사이가 좋다
꿀맛이다 = 꿀맛처럼 만족스럽다
꿀잼 = 매우 재미있다
꿀보직 = 매우 쉬운 보직
꿀 빨다 = 어떤 일을 매우 편하고 즐겁게 하다

② 짠맛 : 소금의 맛. 소금(염화나트륨)은 체내 전해질 농도를 조절하여 신경 신호를 발생시키는, 생명 유지에 핵심적인 물질이다. 사람은 적절한 염분을 섭취해야 하며 지나치게 염분이 적은 음식은 '싱겁다'는 불쾌한 느낌으로 연결된다. 또한 짠맛이 지나칠 때도 불쾌감을 경험한다.

짭짤하다 = 짠 듯하지만 입에 맞는다, 일이 뜻대로 잘되어 실속이 있다 → 만족감

짭찌름(짭찔)하다 = 감칠맛이 없이 약간 짜다 → 불쾌감

간간하다 = 입맛이 당기게 약간 짜다

사람이 짜다 = 인색하다

짠내 나다 = 불쌍하다

※ 단짠단짠 = 단맛과 짠맛이 번갈아 난다, 좋다 나쁘다 한다

③ 신맛 : 식초의 맛. 침이 고이게 만드는 맛으로 식초나 귤, 레몬 등의 과일에서 느낄 수 있다. 적당한 신맛은 입맛을 돋우지만 지나친 신맛은 불쾌감을 유발한다. 음식이 상하기 시작할 때나 토사물에서 시큼한 맛이 나기도 한다. 즉, 신맛과 관련된 감정 표현은 대부분 받아들이기 어렵거나 거부하고 싶은 상황에서 사용된다.

시큼하다 = 신맛이나 냄새가 꽤 있다

시큼털털하다 = 꽤 시면서도 매우 떫다

신물 난다(위액이 넘어오는 내수용감각) = 매우 오래 하여 지긋지긋하고 진절머리가 난다 → 불쾌감

상큼하다 = 향기롭고 시원하다

새콤달콤하다 = 약간 시면서도 단맛이 있다

④ 쓴맛 : 소태나 씀바귀의 맛. 독성을 가진 물질 중 쓴맛을 내는 것들이 많다. 기본적으로 받아들이기 어렵거나 억지로 받아들여야 하는 경험에 대해 쓴맛으로 표현하는 경향이 있다. 물론 산나물 등의 적절한 쓴맛은 입맛을 돋우기도 한다.

쓰다 = 받아들이기 고통스럽다
씁쓸하다 = 유쾌하지 못하고 언짢다 → 자탄, 자괴감
쌉싸름(쌉쌀)하다 = 조금 쓴 느낌이 있다
※ 달콤쌉싸름하다 = 약간 달면서 조금 쓴맛이 있다

⑤ 매운맛 : 고추나 후추의 맛. 매운맛은 통각에 해당한다. 따라서 매운맛은 주로 고통스럽고 힘든 감정을 표현할 때 사용된다. 하지만 적당히 매운맛은 사람들이 선호하는 맛이기도 하다.

맵다 = 매우 힘들다, 경험의 정도가 강하다
얼큰하다 = 매워서 몹시 얼얼하다
매콤하다 = 적당히 맵다

2. 싱거운 맛

특별한 맛이 없거나 간이 약한 경우. 지루하거나 마음이 끌리지 않는 경험을 표현할 때 쓰인다.

심심하다 = 맛이 조금 싱겁다, 할 일이 없어 지루하고 따분하다
싱겁다 = 짠맛이 거의 없거나 약하다
무미건조하다 = 맛이 없고 메마르다

※삼삼하다 – 약간 싱거우면서도 맛있다, 매력적이거나 마음에 끌리는 데가 있다

3. 기타 맛

① 고소한 맛 : 볶은 깨나 참기름의 맛

고소하다 = 누군가의 처한 일이 즐겁다(쌤통)

= (남녀의) 사이가 좋다(깨가 쏟아진다)

② 떫은맛 : 덜 익은 과일이나 나무껍질의 맛

떨떠름하다 = 마음에 썩 달갑지 않다

③ 텁텁하다 = 매끄럽지 않거나 개운치 않은 느낌이다

④ 뻑뻑하다 = 국물이 없어 잘 넘어가지 않는다(고구마 100개 먹은 기분)

※ 이외의 맛 관련 감정 표현

입맛에 맞는다 = 흥미가 간다, 구미가 당긴다

밥맛 떨어진다 = 싫다, 의욕이 없다

입맛이 깔깔하다 = 의욕이 없다, 무기력하다

역겹다 = 특히 도덕적 혐오와 관련

물리다 = 질린다, (많이 해서) 싫다

개운하다/시원하다 = 상쾌하고 가볍다

비위 좋다 = (누군가의 취향 또는 선호가) 좋고 나쁨을 가리는 게 없다

느끼하다/기름지다 = (누군가의 성격 또는 행동이) 꾸밈이 많고 부담스럽다

담백하다 = (누군가의 성격 또는 행동이) 솔직하고 부담스럽지 않다

온도로 표현하는 감정

감정은 온도로도 표현된다. 흔히 사람들의 관계에서 비롯된 감정이 온도로 표현되는데, 가깝고 친밀할수록 따뜻하게, 멀고 소원할수록 차갑게 인식된다. 이도 저도 아닌 경우는 미지근/뜨뜻미지근하다고 한다. 또한 열정이나 냉철함 같은 성격적 특성도 온도로 표현될 때가 있다.

1. 따뜻함

   따습다 = 쾌적할 만큼 온도가 알맞게 높다 → 온정(溫情)
   따뜻하다/훈훈하다 = 가슴(마음)이 따뜻해지다 → 온정과 관련한 일로 감동받다
   뜨겁다 = 관계(사랑)가 뜨겁다, 열의/열정이 뜨겁다
   덥다 = 온도가 지나치게 높아 불쾌하다

2. 차가움

   시원하다 = 더위를 식힐 정도로 선선하다 → 상쾌함
   서늘하다 = 조금 차가운 느낌이 있다 → 약간 무섭거나 불쾌함
   싸늘하다 = 부드럽지 않고 아주 차가운 느낌이 있다 → 누군가의 차가운 태도나 좋지 않은 느낌(예감)과 관련
   쌀쌀하다 = 춥게 느껴질 정도로 차다 → 누군가의 태도와 관련
   쓸쓸하다 = 외롭고 허전하다
   처량(凄凉)하다 = 마음이 구슬퍼질 정도로 쓸쓸하다
   춥다 = 외로움이 극에 달하다

한눈에 보는
감정 인식법과 활용법

에필로그

The Emotions of Koreans

마지막으로 감정 인식법 그리고 활용법에 대해 간단히 정리해 보자. 우리가 가장 먼저 기억해야 할 것은 감정이 반드시 신체적 변화를 동반한다는 사실이다. 무엇을 지각했는지 인식도 하기 전에, 또는 자신이 겪은 일이 무엇인지 그 의미가 분명하지 않을 때에도 뇌는 이미 어떤 판단을 내렸고 그 판단에 따라 우리 몸은 대응을 시작한다. 그리고 몸에는 변화가 나타난다. 이때 일단 해야 할 일은 몸의 느낌(내수용감각)에 집중하는 것이다. 내 감정을 정확하게 알기 위해서는 나의 몸과 마음에 집중하는 훈련이 필요하다. 최근 왠지 모르게 어깨가 자주 뭉친다면 근래에 긴장할 일이 있었다는 의미다. 소화가 잘되지 않거나 숙면을 취하지 못한다는 것은 우울이나 불안의 신호다. 가슴이 답답하거나 피부가 근질근질한 것은 아직 스스로도 이해되지 않는 어떤 경험이 있다는 뜻이다.

몸이 보내는 이러한 신호들에 집중하면서 그러한 감정이 어디서 비롯되었는가를 차분히 생각해 보자. 금방 알 수 있는 감정들도 있지만 무의식의 작용처럼 금방 알기 어려운 감정들도 있다. 그러한 감정들은 인정하기 싫은 자신의 어두운 면이나 마음이 떠난 연인처럼 받아들이기 싫은 현실에서 비롯된다. 하지만 그런 감정들 역시 충분히 시간을 들여 생각해 보아야 한다. 그래야 그 이후에 어떤 행동을 할지 결정할 수 있기 때문이다.

마지막으로, 느낌을 무시하지 말자. 우리가 흔히 '찜찜하다, 쎄하다'라고 표현하는 감정들이다. 생존에 직접적인 영향을 미치는 감정도 아니고, 사회적 교류 상황에서 명확한 지침이 되는 감정도 아니지만 이 감정들을 무시하면 곤란하다. 그 이유는 그것들이 분명 우리 뇌에서 보내는 신호이기 때문이다.

일차적으로 감정을 느끼게 하는 뇌의 부위는 변연계다. 변연계란 생명 유지를 담당하는 뇌의 중심부를 감싸고 있는 부위로 시상하부, 편도체, 해마 등의 기관들이 이에 해당한다. 그중 편도체의 역할이 중요한데, 편도체는 눈, 코, 귀 등에서 보낸 정보를 일차적으로 처리하여 적절한 반응을 할 수 있게 해 주는 기관이다.

따라서 명확히 말로 표현할 수는 없지만 왠지 찜찜하고 쎄한 기분이 든다면 편도체가 뭔가를 감지했다는 신호일 수 있다. 느낌은 수백만 년 인류 진화 과정에서 얻게 된 빅데이터의 결과다. 이성적 판단이 필요한 일을 막연한 감으로 그르치면 안 되겠지만, 사소한 느낌을 무시해서 좋지 않은 결과에 이르는 것도 피해야겠다.

몸의 느낌을 감지했다면 다음은 해석을 해 보아야 한다. 왜 내 몸에 이런 변화가 나타났을까? 이 느낌의 이유는 무엇일까? 내수용감각은 외부 자극, 다시 말해 내가 방금 겪은 일에서 비롯된다. 어디에서, 누구와, 무엇을 하다가 그런 느낌이 들었는지 생각해 보자. 분노와 공포처럼 즉각 판단할 수 있는 느낌도 있지만 상당수의 느낌은 복잡하고 모호한 사회적 맥락에서 발생한다. 그러한 느낌에 즉각적으로 반응하는 것은 바람직하지 않을 가능성이 크다.

또한 감정 표현에 익숙하지 않은 이들에게는 자신이 느끼는 감정이 무엇인지 아는 일이 쉽지 않다. 그럴 경우 다음의 몇 단계를 기억하고 연습해 보자. 첫째, 자신에게 집중할 시간을 만들자. 자신을 이해하고 나다운 삶을 살려면 감정 이해가 우선이며, 감정을 이해하기 위해서는 자신을 위해 반드시 시간을 내야 한다.

오늘 있었던 일들과 만났던 사람들을 떠올리면서 그때 했던 생각과 느낌들을 되새겨 보자. 왜 그런 생각이 들었고 왜 그런 느낌이 들었는지 그 이유와 자신의 상태를 연관 지어서 생각하다 보면 자신의 감정에 다가갈 수 있을 것이다. 금방 이유를 찾을 수 없는 감정들도 있다. 기억도 나지 않는 옛날의 일이나 무의식적으로 억압해 놓은 기억에서 비롯된 것들이 그렇다. 이런 감정들을 이해하는 데는 좀 더 시간이 필요하다.

이때 꼭 기억해야 할 점은 익숙하지 않은 새로운 느낌을 두려워하지 말라는 것이다. 어둡고 불쾌한 느낌이더라도 그 근원을 따라가 보는 경험이 반드시 필요하다. 아무리 해도 도달할 수 없거나, 도달하더라도 스스로 감당할 수 없는 이유일 것 같으면 심리전문가의 도움을 받는 것도 좋다.

내 감정의 정체를 알았으면 다음에는 그것을 적절히 표현해야 한다. 물론 느낀 감정을 모두 표현해야 하는 것은 아니며 또 그럴 수도 없다. 사람은 사회적 동물이고 때와 장소에 따라 표현이 제한되는 감정과 행동은 존재한다. 따라서 어떤 감정을 어디서 얼마만큼 어떻게 드러내야 하는지는 상당한 주의와 기술이 필요하다.

감정 표현을 무조건 제한하라는 뜻이 아니다. 감정은 표현해야 한다. 좋으면 좋다고, 싫으면 싫다고, 화가 나면 화가 난다고, 억울하면 억울하다고 말하고 표현해야 한다. 다만 그 방식이 적절해야 한다는 것이다. 감정은 의사소통의 방법이기도 하다. 모든 사회는 감정을 경험하고 표현하는 나름의 규칙(display rule)을 가지고 있다. 때로 상황이 좋지 않으면 인내할 줄 아는 지혜를 발휘할 필요도 있다. 하지만 나중에 다른 방식으로 또는 다른 사람에게라도 자신의 감정을 표현하는 것은 중요하다.

마지막으로, 감정은 가능하면 끝까지 분출하는 것이 좋다. 카타르시스, 즉 배설 효과를 위해서다. 미처 다 빠져나가지 않은 감정의 찌꺼기들은 혈관 속의 노폐물처럼 건강에 악영향을 미친다. 변비에 관장이 필요하듯, 막힌 배관에는 특별한 처치가 필요하듯이, 쌓인 감정의 분출에는 약간 특별한 조치가 필요하다.

바로 어떤 감정을 극한까지 표출하는 것이다. 눈물 쏙 빼는 슬픈 영화를 보거나 웃다가 숨이 막힐 것 같은 코미디 프로를 보는 방법도 있다. 마음 맞는 친구들과 밤새 울고 웃으며 이야기를 나누는 것도 좋겠다. 묵은 감정이 빠져나간 자리에는 상쾌한 에너지가 샘솟는다. 이 모든 과정은 자신의 감정을 인지하고 받아들이는 일에서 시작된다.

리사 펠드먼 배럿은 '감정 입자도'라는 개념을 제안했다. 쉽게 말해서 폭넓은 감정의 스펙트럼을 만들라는 것이다. 이해하고 표현할 수 있는 감정이 '좋다, 싫다, 화난다' 정도인 사람보다는 다채롭게 감정을 경험하고 표현하는 사람이 자기 이해와 정신 건강은 물론 사회적으로도 이롭다.

이 책을 통해 우리가 일상생활에서 쓰는 감정 단어뿐만 아니라 그런 감정을 경험하게 되는 이유와 사회적 맥락, 특정 감정을 경험할 때의 신체적 감각과 행동 및 사회적 표현 방식까지 확인할 수 있다. 많은 분들의 다채로운 감정 경험에 이 책이 도움이 되길 바란다.

찾아보기

ㄱ

감동 84, 85, 98~101, 269
개운함 180~182
경멸 58
경외심 120
고까움 140
고독 152, 153
고립감 152, 153
고마움 84~87
공감 100, 126~129
공포 36~39, 268
괘씸함 130~133
괴로움 63~66
귀여움 96
귀찮음 243~245
그리움 88~90, 268
기꺼움 43
기쁨 40~44, 91~93
기특함 94~97

ㄴ

난처함 154~157
너그러움 166
놀람 60~62, 207, 209
뉘우침 216~218, 229, 255
느긋함 164~167, 252

ㄷ

다행감 73
단념 228
답답함 246~248, 258, 259, 263, 269
당혹감 106, 133, 155~157, 206~209, 263
당황 155~157, 207~209
동질감 108
따분함 67~70

ㅁ

멋쩍음 213
못마땅함 230~233, 268
미안함 217
미움 142~148, 232

ㅂ

바람 75~78
반가움 91~93
배신감 112, 141
보람 170
복수심 52, 66
부끄러움 195, 207, 208, 209, 210~214, 216~219
부담감 134~137, 269
부러움 146~149, 204
분노 50~54, 130~133, 139~143,

145, 148, 149, 176, 199~201,
224~225, 236, 268, 270
불신 112
불쌍함 126~129, 267, 268
불안 38~39, 54, 72~74, 250~252,
비통 46, 47, 48
뻘쭘함 156

ㅅ

사랑 102~105, 268
서글픔 220~222
서러움 49, 222~225, 258~261
서운함 49, 138~141, 227, 229, 237,
240
섭섭함 52, 139~141, 229, 242
소속감 106~109, 161
수치심 132, 155, 156, 193, 210~218,
238, 256
스스럼 213
슬픔 45~49, 220~222, 223~225,
268, 269
시기 146~149, 160~161
시샘 146~149, 161
시원함 180~182
신뢰감 107, 110~113, 123
신명 44, 81, 180, 182, 183~186, 261
실망감 76, 140~142, 234~238
싫음 25~27, 143~144
쑥스러움 211, 213

ㅇ

아쉬움 226~229, 235~236, 238,

240, 247, 267
안도감 38, 42~43, 71~74
안온 25, 73~74, 165
애달픔 128
애석 47, 227~228
애잔함 127~128, 268
애처로움 127~128
애통 46~47
야속함 139~140
얄미움 144
어색함 155~156, 159
억울함 52, 195, 198~201,
223~225, 257~261
연대감 107~108
열등감 195~196
오기 202~205
외로움 150~153, 221, 275
용기 175~178, 203~205
우울 48, 200, 241
원망 260
원한 53, 260
위화감 158~161
유대감 108
의구심 264~265
의혹 264~266
일체감 81, 107~108, 161, 184

ㅈ

자격지심 195~196
자괴감 195, 213~214, 237, 258, 273
자부심 109, 187~191
자신감 190

자존감 189, 191, 194~195
자존심 192~197, 201, 204, 213, 258, 268
재미 172~174, 269, 271
적개심 52~53, 205
절망감 236
정 33, 90, 117, 122~125, 145
조바심 165~167, 247, 249~252, 269, 270
존경심 118~121
좌절감 236~237, 248
죄책감 208, 209, 215~219, 254~256
즐거움 43, 172~173, 185~186
증오 58, 232
지겨움 69~70
질투 105, 147~149, 160, 161, 170, 204
짜증 24, 232, 244
찜찜함 180~182, 263, 264, 278
찝찝함 181, 264

ㅊ

참담함 236~237
체념 228, 236, 240
초조함 247, 249, 251, 267, 268, 269
친밀감 114~117

ㅋ

쾌감 24, 25, 43, 44, 179~182, 184, 186, 218

ㅌ

통석 228

ㅍ

편안감 73
평안 68, 73~74, 79, 165
평온 68, 73~74, 165

ㅎ

한 44, 49, 78, 90, 180, 182, 184~186, 196, 201, 225, 257~261
행복 43
허탈감 229, 239~242
혐오 55~59, 61, 143, 268
호기심 265
혼란스러움 262~266
황당 208
황망 208
황홀감 79~81, 103
후련함 179~182
후회 229, 253~256
흐뭇함 168~171
흥 44, 171, 174, 185~186

**The
Emotions
of
Koreans**